Bruce H. Lipton

Der Honeymoon-Effekt

Bruce H. Lipton

Der Honeymoon-Effekt

Liebe geht durch die Zellen

KOHA

Wichtiger Hinweis

Um den Lesefluss nicht zu erschweren, wurde meist auf die Doppelung männlicher und weiblicher Nomen (z.B. »Ihr Partner oder Ihre Partnerin«) verzichtet. Selbstverständlich soll der weibliche Teil der Bevölkerung dadurch nicht benachteiligt werden.

Titel der Originalausgabe:
The Honeymoon-Effect

English language publication 2013 by Hay House Inc. USA

Deutsche Ausgabe:

6. Auflage 2024
Übersetzung: Nayoma de Haën
Lektorat: Maria Müller-de Haën
Umschlag und Illustrationen: Robert Mueller
Layout: Birgit-Inga Weber
Schmuckbilder: Shutterstock
Gesamtherstellung: Karin Schnellbach
Druck: CPI Books GmbH, Leck
ISBN 978-3-86728-211-6

Koha Verlag GmbH - St. Sebastian 13 - 84405 Dorfen
www.koha-verlag.de info@koha-verlag.de

Für den
Himmel auf Erden
durch
Liebe zu uns selbst
Liebe füreinander
Liebe für unseren Planeten

Inhalt

Der Honeymoon-Effekt

Ein durch große Liebe hervorgerufener Zustand der Glückseligkeit, Leidenschaft, Energie und Gesundheit. Das Leben ist so schön, dass man es kaum erwarten kann, am nächsten Morgen aufzuwachen, einen neuen Tag zu begrüßen und dem Universum dafür zu danken, dass man lebt.

Einleitung

Ein Leben ohne Liebe ist ohne Bedeutung

Liebe ist das Wasser des Lebens

Trinkt es in euch hinein mit Herz und Seele

Rumi

Hätte mir in jungen Jahren irgendjemand gesagt, ich würde einmal ein Buch über Beziehungen schreiben, hätte ich ihn für verrückt erklärt. Meiner Ansicht nach war die Liebe etwas, das sich Dichter und Hollywood-Produzenten ausgedacht hatten, damit sich die Leute nach etwas sehnen, was sie nie bekommen werden. Ewige Liebe? Glücklich für alle Zeit? Vergiss es!

Wie die meisten Menschen wurde ich so programmiert, dass sich manches in meinem Leben problemlos ergab. Meine Programmierung setzte vor allem auf Bildung. Nach Meinung meiner Eltern machte Bildung den Unterschied zwischen einem harten Dasein als Straßenarbeiter und einem bequemen Leben als Krawattenträger aus. Sie waren davon überzeugt, ohne Bildung könne man es im Leben zu nichts bringen.

Daher überrascht es nicht, dass es unsere Eltern in Bezug auf Bildung an nichts mangeln ließen. Ich erinnere mich noch gut an jenen Tag in meinem zweiten Schuljahr, als ich aufgeregt aus Mrs. Novaks Klasse nach Hause lief. Ich hatte meinen ersten Einblick in die erstaunliche mikroskopische Welt der Amöben und der wunderschönen einzelligen Algen mit dem faszinierenden Namen Spirogyra erhalten. Ich platzte fast vor Begeisterung und bat meine Mutter inständig um ein eigenes Mikroskop. Ohne zu zögern, fuhr sie noch am selben Tag los, um mir mein erstes Mikroskop zu kaufen. Kein Vergleich zur Reaktion meiner Mutter auf meinen verzweifelten Wunsch, einen Roy-Rogers-Cowboyhut, einen Trommelrevolver und einen Revolvergürtel zu bekommen!

Trotz meiner Roy-Rogers-Phase wurde Albert Einstein zum konkurrenzlosen Helden meiner Jugend. Ich liebte die Bilder von ihm, auf denen er mit wirrem weißem Haarschopf der Welt die Zunge herausstreckt. Ich liebte es auch, Einstein auf dem winzigen Bildschirm des kürzlich erfundenen Fernsehers in unserem Wohnzimmer zu sehen, wo er wie ein liebevoller, weiser, verspielter Großvater wirkte.

Ich war vor allem stolz darauf, dass Einstein, ein jüdischer Immigrant wie mein Vater, durch seine wissenschaftliche Brillanz alle Vorurteile außer Kraft setzte. In Westchester County im Staat

New York, wo ich aufwuchs, fühlte ich mich oft wie ein Aussätziger. Es gab Eltern, die ihren Kindern verboten, mit mir zu spielen, weil ich sie mit »Bolschewismus« infizieren könnte. Es machte mich stolz und gab mir Sicherheit, zu wissen, dass Einstein als Jude überhaupt nicht ausgeschlossen, sondern international geachtet und geehrt wurde.

Gute Lehrer, meine bildungsbesessene Familie und meine Leidenschaft dafür, Stunden am Mikroskop zu verbringen, führten schließlich zu einem Doktortitel in Zellbiologie und einer festen Stelle an der University of Wisconsin School of Medicine. Doch erst als ich die University of Wisconsin verließ, um die »neuen Wissenschaften« mitsamt der Quantenmechanik zu erkunden, begann ich, die eigentliche Bedeutung des Beitrags meines Jugendhelden Einstein zu ermessen.

Während meine akademische Laufbahn florierte, war ich in anderen Bereichen meines Lebens ein Vorbild der Dysfunktionalität, vor allem im Bereich der Beziehungen. Ich heiratete in meinen Zwanzigern, als ich für eine sinnerfüllte Beziehung noch viel zu jung und emotional unreif war. Als ich nach zehn Jahren Ehe meinem Vater erklärte, wir würden uns scheiden lassen, hielt er vehement dagegen: »Eine Ehe ist ein Geschäft!«

Für jemanden, der 1919 aus dem von Pogromen, Hungersnot und Revolution geschüttelten Russland emigriert war, erscheint mir diese Reaktion im Rückblick verständlich. Für meinen Vater und seine Familie war das Leben unvorstellbar hart gewesen. Immer ging es ums Überleben. Kein Wunder, dass eine Ehe für meinen Vater eine Arbeitsbeziehung war, ähnlich den »Bräuten auf Bestellung«, die die Pioniere im Wilden Westen des 19. Jahrhunderts per Post orderten.

Die Ehe meiner Eltern spiegelte diese geschäftsorientierte Haltung meines Vaters wider, obwohl meine in den USA geborene Mutter seiner Philosophie nicht anhing. Meine Eltern arbeiteten sechs Tage die Woche in einem erfolgreichen Familienunternehmen zusammen, ohne dass irgendeines ihrer Kinder sich an einen Kuss oder irgendeine romantische Geste erinnern könnte.

In meinen Jugendjahren wurde der Bruch zwischen ihnen immer offensichtlicher. Der Zorn meiner Mutter über eine lieblose Beziehung und die Trunksucht meines Vaters stachelten sich gegenseitig an. Meine jüngeren Geschwister und ich verkrochen uns in die Einbauschränke, wenn ihre lautstarken Streitigkeiten mal wieder unser ehemals friedvolles Zuhause erschütterten. Nachdem meine Eltern sich endlich zu getrennten Schlafzimmern entschlossen, kam es zu einem instabilen Waffenstillstand.

Wie viele konventionelle unglückliche Ehepaare der Fünfziger blieben auch meine Eltern um der Kinder willen zusammen – sie ließen sich scheiden, sobald mein jüngster Bruder ausgezogen war. Ich wünschte, sie hätten gewusst, dass sie mit ihrem Vorbild einer dysfunktionalen Beziehung ihren Kindern sehr viel mehr schadeten, als wenn sie sich getrennt hätten.

Damals gab ich meinem Vater die Schuld für unser unglückliches Familienleben. Als Erwachsener erkannte ich jedoch, dass meine Eltern gleichermaßen für die Situation verantwortlich waren, die ihre Beziehung und unsere Familienharmonie untergrub. Vor allem wurde mir bewusst, wie ihr in mein Unterbewusstsein eingraviertes Verhalten meine eigenen Bemühungen um eine liebevolle Beziehung zu den Frauen in meinem Leben beeinflusste und sabotierte.

So durchlebte ich Jahre des Leidens. Das Scheitern meiner eigenen Ehe war eine emotionale Katastrophe, vor allem wegen meiner beiden kleinen wundervollen Töchter, die heute zu liebevollen, gestandenen Frauen herangewachsen sind. Es war so schrecklich, dass ich mir schwor, nie wieder zu heiraten. Aus der tiefen Überzeugung heraus, wahre Liebe sei ein Mythos, sagte ich mir 17 Jahre lang jeden Morgen beim Rasieren vor: »Ich werde nie wieder heiraten. Ich werde nie wieder heiraten.«

Ich brauche wohl kaum zu erwähnen, dass ich damit für keine verbindliche Beziehung taugte. Doch trotz meines Morgenrituals blieb auch mir der biologische Imperativ nicht erspart, der allen Organismen zu eigen ist, von den Einzellern bis zu unseren 50-Billionen-Zellen-Körpern: der Drang, sich mit anderen Organismen zu verbinden.

Meine erste große Liebe war ein Klischee: Ein älterer Mann mit einem schlimmen Fall von unterbrochener emotionaler Entwicklung verliebt sich in eine jüngere Frau und durchlebt eine intensive, hormongesteuerte, Teenager-artige Liebesaffäre. Ein Jahr lang schwebte ich von »Liebesdrogen« verzückt durchs Leben. Ich werde diese berauschenden Neurochemikalien und Hormone im dritten Kapitel noch ausführlicher beschreiben. Als meine berauschende Affäre platzte – was vorauszusehen war (sie meinte, sie bräuchte mehr Abstand, und fuhr mit ihrem Fahrrad gar nicht weit in die Arme eines Herzchirurgen) –, wälzte ich mich in meinem großen leeren Haus ein Jahr lang seufzend und schmachtend in Selbstmitleid. Kalter Entzug ist nicht nur für Heroinabhängige entsetzlich, sondern auch für alle, deren Biochemie nach einer geplatzten Liebesaffäre wieder in ihren Normalzustand zurückfinden muss.

An einem kalten Wintertag saß ich wie üblich allein in meinem Haus und grübelte über die Frau nach, die mich verlassen hatte. Plötzlich dachte ich: »Verdammt, lass mich doch einfach in Ruhe!« Worauf eine weise Stimme, die sich manchmal in entscheidenden Situationen in mein Leben mischt, antwortete: »Ist das nicht genau das, was sie getan hat, Bruce?« Ich musste laut lachen und brach damit den Bann. Wann immer ich danach anfing, mich wieder im Kreis zu drehen, fing ich an zu lachen. So bewältigte ich den Entzug schließlich durch Lachen, obwohl ich immer noch einen langen Weg der Gesundung vor mir hatte.

Wie weit ich davon entfernt war, wurde mir kristallklar vor Augen geführt, als ich in die Karibik zog, um an einer medizinischen Offshore-Hochschule zu lehren. Ich lebte am schönsten Ort auf Erden in einer Villa am Meer mit wundervoll duftenden Blumen; zur Villa gehörten sogar ein Koch und ein Gärtner. Ich wollte mein neues Leben gerne mit jemandem gemeinsam verbringen (natürlich ohne zu heiraten, ich war immer noch auf mein Morgen-Mantra fixiert). Ich wollte mehr als eine Sexualpartnerin. Ich wollte mein neues Leben an diesem schönsten Platz der Welt mit jemandem teilen. Aber je mehr ich suchte, desto weniger fand ich, obwohl ich meiner Meinung nach den besten Anmach-Spruch der

Welt draufhatte: »Wenn du gerade nichts anderes vorhast, könntest du doch für eine Weile zu mir in meine karibische Villa kommen?«

Eines Abends versuchte ich diese doch eigentlich todsichere Masche bei einer Frau, die gerade auf Grenada angekommen war. Grenada ist einfach die vollkommene Bilderbuch-Insel. Wir gingen in die Bar des Yachtclubs und unterhielten uns. Ich fand sie interessant und fragte sie daher, ob sie nicht eine Weile bleiben wolle, statt zu ihrem Job auf einer Yacht zurückzukehren. Sie sah mir ins Gesicht und meinte: »Nein, ich könnte nie mit dir zusammen sein. Du bist zu bedürftig.«

Der Schlag saß. Stumm lehnte ich mich auf meinem Stuhl zurück. Nach einem langen Moment des Schweigens fand ich meine Sprache wieder: »Danke, das musste mir wohl mal jemand sagen.«

Ich wusste nicht nur, dass sie recht hatte, ich wusste auch: Ich musste erst einmal mein eigenes Leben in den Griff bekommen, bevor ich die echte Liebesbeziehung haben konnte, nach der ich mich so sehnte.

Und dann geschah etwas Merkwürdiges ... Sobald ich meine verzweifelte Suche nach einer Beziehung losgelassen hatte, tauchten Frauen in meinem Leben auf, die eine Beziehung wollten. Bis endlich die eigentliche Inspiration für dieses Buch, meine geliebte Margaret, in mein Leben trat und wir das lebten, was ich in den romantischen Komödien immer als Fantasie abgetan hatte.

Aber ich will den Ereignissen nicht vorgreifen. Zunächst musste ich folgende Lektion lernen: Es war nicht mein »Schicksal«, allein zu sein, es war auch nicht mein »Schicksal«, immer wieder gescheiterte Beziehungen zu erleben. Ich hatte nicht nur jede gescheiterte Beziehung meines Lebens selbst erschaffen, sondern konnte auch die wundervolle Beziehung kreieren, die ich mir wünschte!

Der erste Schritt begann in der Karibik, als ich die wissenschaftliche Offenbarung erlebte, die ich in meinem ersten Buch »Intelligente Zellen« beschrieben habe. Im Nachsinnen über meine Forschungsergebnisse erkannte ich, dass Zellen nicht von ihren Genen gesteuert werden – und wir auch nicht. Dieses Aha-Erlebnis war der Anfang meiner Verwandlung von einem ungläubigen Wissenschaftler in einen Rumi zitierenden Wissenschaftler, der uns alle für fähig hält, uns den Himmel auf Erden zu erschaffen, und der glaubt, dass das ewige Leben über den Körper hinausgeht.

Jener Moment war auch der Anfang meiner Verwandlung von einem Skeptiker mit Ehephobie in einen Erwachsenen, der endlich die Verantwortung für alle gescheiterten Beziehungen seines Lebens übernahm. Ich erkannte, dass ich die Beziehung meiner Träume erschaffen konnte.

Im vorliegenden Buch beschreibe ich mit Hilfe derselben (und anderer) wissenschaftlichen Hintergründe genau diese Verwandlung. Ich werde erklären, warum nicht Ihre Hormone, Ihre Neurochemikalien, Ihre Gene oder Ihre suboptimale Kindheit Sie davon abhalten, die Beziehung zu leben, die Sie zu wünschen behaupten. Ihre Überzeugungen sind es, die Sie davon abhalten, solche wundervollen Liebesbeziehungen zu erleben. Verändern Sie Ihre Überzeugungen, und Sie verändern Ihre Beziehungen.

Natürlich ist es ein bisschen komplizierter als das, denn in einer Beziehung zwischen zwei Menschen wirken *vier* verschiedene Arten von Bewusstseinsebenen oder Geistesverfassungen *(minds)* mit. [Der amerikanische Begriff *mind* ist nicht mit einem Wort ins Deutsche übersetzbar. *Mind* bedeutet: menschlicher Geist im Sinne von all dem, was das Gehirn hervorbringt – Denken, Wahrnehmung, Stimmung, Erinnerung etc. Bruce Lipton vergleicht dabei das Gehirn mit einem Radio und den *mind* mit dem Programm. Sie sind nicht dasselbe und doch unerlässlich füreinander.] Solange wir nicht verstehen, wie diese vier Bewusstseinsebenen miteinander statt gegeneinander arbeiten können, werden wir bei der Suche nach Liebe auch bei bester Absicht weiterhin im Dunkeln tappen. Deswegen bewirken Selbsthilfebücher und Therapien oft zwar Erkenntnisse, aber keine Veränderungen – sie wenden sich nur an zwei der vier Beteiligten!

Denken Sie einmal an die tollste Liebesaffäre Ihres Lebens zurück, an jene wundervolle Zeit, in der Sie sich tagelang liebten, in der Sie nichts zu essen und kaum etwas zu trinken brauchten und doch endlos Energie zu haben schienen – jenen »Flitterwochen«-

bzw. Honeymoon-Effekt, der ewig zu halten versprach. Doch nur allzu schnell wird aus der Romanze alltägliches Genörgel. Manche lassen sich scheiden, andere schalten auf Durchhalten. Die gute Nachricht lautet: Es muss nicht so enden.

Sie meinen vielleicht, Ihre große Liebe sei bestenfalls ein Zufall und schlimmstenfalls eine Selbsttäuschung und ihr unglückliches Ende eben Pech gewesen. Ich werde Ihnen in diesem Buch jedoch erklären, wie Sie sowohl den Honeymoon-Effekt als auch seinen Niedergang selbst erschaffen haben. Wenn Sie wissen, wie Sie den Honeymoon-Effekt erzeugt und wie Sie ihn verloren haben, können Sie wie ich aufhören, über Ihr schlechtes Beziehungskarma zu jammern, und eine anhaltende glückliche Beziehung erschaffen, die jedem Hollywood-Produzenten gefallen würde.

Nach Jahrzehnten der Fehlschläge habe ich genau das endlich manifestiert! Weil so viele Menschen gefragt haben, wie uns das gelungen ist, werde ich im Epilog erklären, wie wir seit siebzehn Jahren unseren Honeymoon-Effekt glücklich aufrechterhalten. Wir möchten unsere Geschichte erzählen, weil die Liebe für uns Menschen der stärkste Wachstumsfaktor ist – und sie ist ansteckend! Holen Sie den Honeymoon-Effekt in Ihr Leben, dann werden auch Sie merken, wie immer mehr ebenso liebevolle Menschen in Ihr Leben treten – je mehr, desto besser!

Lassen wir uns von Rumi und seinen achthundert Jahre alten Versen inspirieren und unsere Liebe zueinander gedeihen, auf dass dieser Planet für alle Organismen zu einem Himmel auf Erden werde (mehr dazu im fünften Kapitel).

Dies ist kein Selbsthilfebuch, sondern ein Buch, das Sie, wie ich hoffe, in Bewegung versetzt – so wie mich jener Augenblick in der Karibik in Bewegung versetzte –, um den Honeymoon-Effekt an jedem einzelnen Tag Ihres Lebens zu erzeugen.

1.

Unser Verlangen nach Bindung

Es übersteigt unsere Vorstellungskraft,
dass eine einzelne Lebensform
allein und unabhängig, unverbunden
mit anderen Lebensformen
existieren könnte.

Lewis Thomas

Sofern Sie schon etliche missglückte Beziehungen hinter sich haben, mögen Sie sich fragen, warum Sie es immer wieder versuchen. Wie ich Ihnen versichern kann, tun Sie es nicht nur wegen der (manchmal recht kurzen) schönen Momente und auch nicht, weil Sie in der Werbung ständig Liebespaare auf tropischen Inseln sehen. Trotz Ihrer Erfahrungen und trotz deprimierender Scheidungsstatistiken versuchen Sie es immer wieder, weil Sie dafür geschaffen sind, sich zu verbinden. Menschliche Wesen sind nicht für das Alleinleben gemacht.

Es gibt einen grundlegenden biologischen Imperativ, der Sie und jeden Organismus auf diesem Planeten in die Gemeinschaft treibt, in die Beziehung zu anderen Organismen. Ob Sie sich dessen bewusst sind oder nicht – Ihre Biologie drängt Sie zur Bindung. Dieser Drang der Individuen (angefangen mit zweien) zur Verbindung bildet tatsächlich die grundlegende Kraft der biologischen Evolution. Ich nenne dieses Phänomen »spontane Evolution«, wie ich in meinem gleichnamigen Buch ausführlich dargelegt habe.[1]

> Menschliche Wesen sind nicht für das Alleinleben gemacht.

Es gibt natürlich noch andere biologische Imperative, die das Überleben eines Individuums und einer Art sichern: der Trieb nach Nahrung, Sex, Wachstum, Schutz und der heftige, unerklärliche Drang, um sein Leben zu kämpfen. Wir wissen nicht, wie dieser Lebenswille in unsere Zellen einprogrammiert ist, aber Tatsache ist: Kein Organismus gibt bereitwillig sein Leben auf. Wenn sein Leben bedroht ist, wird selbst der primitivste Organismus nicht sagen: »Na gut, dann warte ich hier, bis du mich umgebracht hast«, sondern er wird alles in seiner Macht Stehende tun, um sein Überleben zu sichern.

Werden unsere biologischen Triebe nicht befriedigt und ist unser Überleben gefährdet, sagt uns ein Gefühl in der Magengrube – lange bevor unser Verstand die Bedrohung erkennt –, dass etwas verkehrt läuft. Dieses ungute Gefühl im Bauch ist zurzeit global spürbar: Vielen von uns verursacht der Gedanke an die Überlebensfähigkeit unseres umweltgeschädigten Planeten und der Menschen, die ihn so heruntergewirtschaftet haben, Bauchschmerzen. Der größte Teil dieses Buches handelt davon, wie Individuen wundervolle Beziehungen aufbauen oder wiederherstellen können; im letzten Kapitel werde ich erklären, wie die Energie von »Himmel-auf-Erden«-Beziehungen unseren Planeten heilen und unsere Art retten kann.

Ich weiß, das ist ein hoher Anspruch, aber uns steht ein äußerst erfolgreiches Modell für heilsame Beziehungen zur Verfügung, welches letztlich auch zur Heilung des Planeten führen wird. Schon die alten Mystiker haben gesagt: Die Antworten liegen im Inneren. Das Wesen und die Kraft harmonischer Beziehungen treten in der Gemeinschaft der Billionen von Zellen zutage, die gemeinsam einen Menschen ausmachen. Das mag vielleicht zunächst merkwürdig erscheinen, denn ein Blick in den Spiegel lässt den logischen Schluss zu, Sie seien ein einzelnes Wesen; doch das ist ein großer Irrtum! Ein Mensch ist vielmehr eine Gemeinschaft aus 50 Billionen empfindsamer Zellen in einer von Haut umgebenen Petrischale. Im dritten Kapitel werde ich diese erstaunliche Sichtweise näher erläutern.

> Ein Mensch ist eine Gemeinschaft aus 50 Billionen empfindsamer Zellen.

Als Zellbiologe habe ich viele glückliche Stunden damit verbracht, das Verhalten und Schicksal von Stammzellen in Petrischalen zu beobachten. Die Billionen von Zellen jedes hautüberzogenen menschlichen Körpers leben sehr viel harmonischer zusammen als zankende Paare und zerstrittene menschliche Gemeinschaften. Wir können viel von ihnen lernen: 50 Billionen empfindsame Zellen, 50 Billionen Bürger, die in einer höchst komplexen Gemeinschaft friedvoll zusammenleben. Und alle Zellen haben Vollbeschäftigung, Gesundheitsfürsorge, Schutz und eine lebensfähige Wirtschaft (die auf dem Austausch von ATP-Molekülen beruht). Im Vergleich dazu wirkt die Aufgabe der Menschheit – magere sieben Milliarden Individuen zur harmonischen Zusammenarbeit zu bewegen – recht einfach. Und im Vergleich zu der 50-Billionen-Zellen-Kooperative scheint die Aufgabe eines Paares, lediglich zwei menschliche Wesen harmonisch kommunizieren und zusammenarbeiten zu lassen, kinderleicht (dabei wirkt es, wie mir durchaus bewusst ist, manchmal wie das schwierigste Unterfangen auf Erden).

Zugegeben, die Einzeller, die als erste Lebensformen auf diesem Planeten auftraten, brauchten ziemlich lange, bis sie herausfanden, wie sie miteinander in Verbindung treten können: fast drei Milliarden Jahre. Noch nicht einmal ich habe so lange gebraucht! Als sie dann endlich damit anfingen, bildeten sie zunächst lose Gemeinschaften bzw. Zellkolonien. Doch der evolutionäre Vorteil des Lebens in Gemeinschaft (erweiterte Wahrnehmung der Umgebung und Arbeitsteilung) führte dann schon bald zu hoch entwickelten Organismen, die aus Millionen, Milliarden und dann Billionen von einzelnen interaktiven Zellen bestanden.

Diese vielzelligen Gemeinschaften rangieren von mikroskopischer Größe bis zu Individuen, die leicht mit bloßem Auge erkennbar sind: Bakterien, Amöben, Ameisen, Hunde, Menschen etc. Ja, sogar Bakterien leben nicht allein, sie bilden lose Gemeinschaften, die ständig über chemische Signale und Viren miteinander kommunizieren.

Sobald die Zellen herausgefunden hatten, wie sie Organismen aller Art bilden können, taten sich diese neu entwickelten Vielzeller selbst zu Gemeinschaften zusammen. Auf der Makroebene bildet beispielsweise die amerikanische Zitterpappel (Populus tremuloides) gigantische Organismen, bei denen ein ganzer Wald aus genetisch identischen Bäumen über ein unterirdisches Wurzelwerk verbunden ist. Der vermutlich größte auf diese Weise miteinander verbundene Zitterpappel-Hain ist ein etwa 43 Hektar großer Wald namens Pando in Utah. Manche Experten halten ihn für den größten Organismus der Welt.

Die Sozialstruktur harmonischer Gesellschaften anderer Arten kann nützliche Erkenntnisse enthalten, die sich direkt auf die menschliche Zivilisation übertragen lassen. Ein großartiges Beispiel ist die Ameise, die wie wir Menschen ein vielzelliger sozialer Organismus ist: Entfernt man eine Ameise aus ihrem Staat, so stirbt sie. Eine einzelne Ameise ist also eher ein Suborganismus, der eigentliche Organismus ist der Ameisenstaat. Lewis Thomas schreibt darüber:

»Ameisen sind den Menschen auf fast schon peinliche Weise ähnlich. Sie bauen Pilze an, halten sich Läuse, fechten Kriege aus, verwenden

gegen ihre Feinde Chemikalien, halten Sklaven, betreiben Brutpflege und tauschen ständig Informationen aus. Sie machen fast alles außer fernsehen.«[2]

Der natürliche Trieb zur Gemeinschaftsbildung ist auch bei anderen Säugetieren zu beobachten, zum Beispiel bei Pferden. Übermütige Fohlen können ihre Eltern genauso nerven, wie Menschenkinder das tun. Um den Fohlen Manieren beizubringen, schubsen und kneifen die Eltern ihre Jungen. Falls das nicht hilft, gehen die Eltern zu der wirksamsten Strafe über: Sie schließen das unbändige Fohlen aus der Gemeinschaft aus und lassen es außen vor. Selbst das ungestümste Fohlen wird dann alles in seiner Macht Stehende tun, um wieder in die Gemeinschaft integriert zu werden.

Als einzelner Mensch können wir uns länger selbstständig erhalten als eine Ameise, aber wir drohen dabei verrückt zu werden.

Ich erinnere mich in diesem Zusammenhang an den Film »Cast Away – Verschollen«, in dem Tom Hanks auf einer einsamen Insel in der Südsee strandet. Mit seiner blutigen Hand malt Hanks auf einen Volleyball ein Gesicht und nennt ihn »Wilson«, um jemanden zu haben, mit dem er reden kann. Nach vier Jahren nimmt er schließlich das Risiko auf sich, mit einem selbst gebauten Floß in See zu stechen, weil er lieber bei dem Versuch, andere Menschen zu finden, sterben möchte, als weiter allein auf der Insel zu bleiben, obwohl er genug Wasser und Nahrung gefunden hatte, um zu überleben.

Die meisten meinen, der Fortpflanzungstrieb sei für uns Menschen der stärkste biologische Imperativ, und ganz ohne Zweifel ist das Erzeugen von Nachkommen für eine Art überlebensnotwendig. Deshalb ist für die meisten von uns Sex so angenehm – die Natur wollte sicherstellen, dass die Menschen sich fortpflanzen und die Art erhalten möchten. Aber Hanks sticht nicht in See, um sich fortzupflanzen – er setzt sein Leben aufs Spiel, um mit jemand anderem als einem Volleyball zu kommunizieren.

Die »Paarung« dreht sich beim Menschen um mehr als nur den Sexualakt zur Fortpflanzung. In einem Vortrag über »Die Einzigartigkeit der Menschen« erklärt der Neurobiologe und Primatenforscher Robert M. Sapolsky diese Besonderheit:

»Manchmal besteht die Herausforderung in etwas typisch Menschlichem – es gibt dafür in der Tierwelt keine Vorläufer. Ich will Ihnen ein Beispiel geben; es ist ziemlich schockierend: Nehmen wir ein Paar. Sie kommen gegen Abend nach Hause. Sie reden. Sie essen zu Abend. Sie reden. Sie gehen zu Bett. Sie haben Sex. Sie reden. Sie schlafen ein. Am nächsten Tag passiert genau das Gleiche. Sie kommen von der Arbeit nach Hause. Sie reden. Sie essen. Sie reden. Sie gehen zu Bett. Sie haben Sex. Sie reden. Sie schlafen ein. Sie tun das jeden Tag. Eine Giraffe fände das abstoßend. Es gibt kaum ein anderes Lebewesen da draußen, das Tag für Tag Sex hat, der nicht der Fortpflanzung dient, und überhaupt niemand redet hinterher darüber!«[3]

Für Menschen ist Sex um der Fortpflanzung willen nur so lange entscheidend, bis sich eine Bevölkerung stabilisiert hat. Wenn ein gewisses Maß an Sicherheit erreicht ist, nimmt der Sex um der Fortpflanzung willen ab. In den Vereinigten Staaten, wo die meisten Eltern davon ausgehen, dass ihre Kinder überleben werden und sie selbst im Alter nicht hungern müssen, hat eine Familie im Durchschnitt weniger als zwei Kinder. Doch wo das Überleben gefährdet ist, vermehren sich die Menschen früher und mehr; sie rechnen unbewusst damit, dass einige ihrer Kinder nicht überleben werden und dass sie mehr als zwei Kinder brauchen, um im Alter abgesichert zu sein. In Indien beispielsweise, wo sehr viele Menschen in großer Armut um ihr Überleben kämpfen, bekommt ein Paar durchschnittlich sieben Kinder.

Doch selbst in Gesellschaften, in denen der Fortpflanzungstrieb gedämpft ist, treibt es die Menschen dazu, sich in Paaren zusammenzuschließen, denn der Drang nach Bindung ist mindestens so stark wie der Drang, sich zu vermehren. Paare ohne Kinder können wundervolle Beziehungen bilden, und viele entscheiden sich bewusst, keine Kinder zu bekommen. In »Two is Enough: A Couple's Guide to Living Childless

Der Drang nach Bindung ist mindestens ebenso stark wie der Drang, sich zu vermehren.

by Choice« erforscht die Autorin Laura S. Scott, warum manche bewusst auf diese Erfahrung verzichten. Das Buch beginnt mit einer Unterhaltung, die Scott mit dem Ehemann einer ihrer Freundinnen führt; er ist gerade Vater geworden:

»›Aber warum habt ihr denn geheiratet, wenn ihr keine Kinder wollt?‹ ›Hä? Na, aus Liebe …, um zusammen zu sein‹, stotterte ich. Seine Frage verblüffte mich und machte mich ungewöhnlich sprachlos … Er legte den Kopf schief und sah mich erwartungsvoll an. Seine Neugier war echt. In diesem Moment wurde mir klar, wie merkwürdig ich ihm erscheinen musste. Vor mir stand ein Mensch, der sich ein Leben ohne Kinder gar nicht vorstellen konnte, und er versuchte, einen Menschen zu verstehen, der sich ein Leben mit Kindern gar nicht vorstellen kann.«[4]

Scott fing an, das Thema zu erforschen. Im Jahr 2000 hatten einer Bevölkerungsstatistik zufolge 30 Millionen verheiratete Paare keine Kinder. Das statistische Bundesamt der Vereinigten Staaten ging damals davon aus, dass 2010 nur noch 20 Prozent der Haushalte aus verheirateten Paaren mit Kindern bestehen.[5] Scott machte auch eigene Erhebungen unter Paaren, die sich freiwillig für Kinderlosigkeit entschieden hatten, und fand ein wichtiges Motiv für den Wert, den diese Paare ihrer Beziehung beimessen. Einer der befragten Ehemänner sagte: »Wir haben so, wie es jetzt ist, eine glückliche, liebevolle, erfüllende Beziehung. Die Vorstellung, dass sich die Dynamik meiner Beziehung zu meiner Frau nicht verändern wird, gibt mir Sicherheit.«[6]

Würden noch mehr Menschen erkennen, dass es bei der Paarbildung unter Menschen nicht nur um Fortpflanzung, sondern ganz grundlegend auch um Bindung geht, gäbe es vielleicht weniger Vorurteile gegen Homosexualität. Tatsächlich ist Homosexualität natürlich und durchaus in der Tierwelt verbreitet. In einem wissenschaftlichen Artikel von 2009 fordern die Biologen Nathan W. Bailey und Marlene Zuk von der University of California mehr Studien zu den evolutionären Ursachen für homosexuelles Verhalten. Sie schreiben:

»Die Vielfalt und Verbreitung von homosexuellem Verhalten in der Tierwelt ist eindrucksvoll. In Tausenden von Situationen wurde bei einer Vielzahl von Arten Balzverhalten, Paarbildung und Kopulation mit dem gleichen Geschlecht beobachtet, darunter Säugetiere, Vögel, Reptilien, Amphibien, Insekten, Mollusken und Nematoden.«[7]

Ein Beispiel sind Silbermöwen: 21 Prozent der weiblichen Silbermöwen paaren sich mindestens einmal in ihrem Leben mit einem anderen Weibchen, und zehn Prozent sind ausschließlich lesbisch.[8] Da es uns in Verbindungen treibt – seien sie homosexuell oder heterosexuell –, wollen wir verstehen, wie diese Bindung von Natur aus vorgesehen ist. Das ist das Thema dieses Buches. Erst wenn uns die Paarbeziehung gelingt, können wir dem Beispiel der Zellen folgen, größere kooperative Gemeinschaften zu bilden. Erst wenn uns bessere Paarbeziehungen gelingen, kann die nächste Stufe der Evolution beginnen, in der sich die Menschen zu einem größeren Superorganismus namens Menschheit zusammenschließen. Wenn Ameisen das können, dann können wir Menschen es auch!

Erst wenn uns bessere Paarbeziehungen gelingen, kann die nächste Stufe der Evolution beginnen, in der sich die Menschen zu einem größeren Superorganismus namens Menschheit zusammenschließen.

Die gute Nachricht ist, dass die Geschichte der Evolution nicht nur vom Überleben kooperativer Gemeinschaften berichtet, sondern auch von sich wiederholenden Mustern, die wir über die Geometrie verstehen können. Geometrie ist die Mathematik von Strukturen im Raum. Die Menschen haben die Geometrie nicht erfunden – sie haben sie durch das Studium der Strukturen des Universums erkannt. Sie bietet einen Weg, die Organisation der Natur zu verstehen. Schon Platon schrieb: »Die Geometrie ging der Schöpfung voraus.«

Die sich wiederholenden Muster der neuen fraktalen Geometrie geben überraschende Einblicke in das Wesen der Strukturen des Universums. Wir wissen zwar intuitiv, dass wir als Menschheit an einem kritischen Punkt stehen, doch die fraktale Geometrie zeigt uns, dass der Planet schon des Öfteren an solchen Punkten

Jedes Mal, wenn es zu Verlusten kam, entstand aus der Krise etwas Besseres.

war. Ich werde das später genauer ausführen. Jedes Mal, wenn es zu Verlusten kam (am berühmtesten ist der Untergang der Dinosaurier), entstand aus der Krise etwas Besseres.

Die mathematischen Gleichungen der fraktalen Geometrie sind eigentlich ganz einfach – sie verwenden nur Multiplikationen, Additionen und Subtraktionen. Wenn eine dieser Gleichungen gelöst ist, fließt die Antwort in die ursprüngliche Gleichung ein und wird wieder gelöst. Dieses rekursive Muster lässt sich unendlich fortführen. Wenn solche fraktalen Gleichungen Millionen von Malen wiederholt werden (durch leistungsstarke Computer ist das heutzutage möglich), kann man sie visuell als geometrische Muster darstellen. Fraktale Geometrie zeichnet sich vor allem durch sich endlos wiederholende, ineinander gebettete »selbstähnliche« Muster aus.

Die traditionellen russischen Matrjoschka-Puppen sind ein großartiges Bild zum Verständnis fraktaler Muster: Als Symbol für Mutterschaft und Fruchtbarkeit stecken mehrere dieser hölzernen Puppen immer ineinander. Wie in der nachstehenden Abbildung erkennbar, sind diese Puppen jedoch nicht unbedingt genaue Abbildungen voneinander.

Genau wie diese Puppen zeigen auch die sich wiederholenden Muster der Natur ihre fraktale Organisation. Die feine Verzweigung eines Baumes ähnelt zum Beispiel dem Muster der Abzweigungen der Äste vom Stamm. Das Fließmuster eines großen Stroms ähnelt jenen der kleineren Zuflüsse. In der menschlichen Lunge wiederholt sich das Muster der Verzweigung von den großen Bronchien in die kleineren Bronchiolen. Unabhängig von der Komplexität der Organismen zeigen sich immer wieder dieselben Muster.

Diese sich wiederholenden Muster helfen uns, die Natur besser zu verstehen. Trotz der zunehmenden Komplexität in der Struktur kooperativer Vielzeller-Gemeinschaften ist es eine erstaunliche Tatsache, dass es in der Physiologie des Menschen, des angeblichen Höhepunkts der evolutionären Entwicklung, keine Funktionen gibt, die nicht in den Einzellern, also ganz am unteren Ende der evolutionären Leiter, bereits vorhanden sind. Verdauungs-, Ausscheidungs-, Herz-Kreislauf-, Nerven- und selbst Immunabwehr-Systeme gibt es in praktisch allen einzelnen Zellen unseres Körpers. Zeigen Sie mir eine Funktion Ihres Körpers, und ich zeige Ihnen, wo sie in den Einzellern ihren Ursprung hat.

Diese sich wiederholenden fraktalen Muster weisen uns darauf hin, dass alles, was wir von den einfachen Organismen lernen, sich auch auf komplexere Organismen und auf uns Menschen anwenden lässt. Wenn man also die Natur des Universums verstehen will, braucht man es nicht in seiner Gänze zu untersuchen – man kann seine Komponenten untersuchen, wie ich es als Zellbiologe tat. Die sich wiederholenden Muster der fraktalen Geometrie bilden den wissenschaftlichen Hintergrund für das Prinzip, das die Mystiker »Wie oben, so unten« genannt haben. Wir sind eindeutig Teil des Universums, kein hinzugefügter Nachgedanke, dessen Aufgabe es ist, sich die Natur »untertan« zu machen.

> Diese sich wiederholenden fraktalen Muster weisen darauf hin, dass alles, was wir von den einfachen Organismen lernen, sich auch auf uns anwenden lässt.

Eine auf den sich wiederholenden Mustern der fraktalen Geometrie aufgebaute Biosphäre bietet auch Gelegenheit, die Zukunft der Evolution vorherzusagen, indem man auf die Geschichte zurückschaut. Die konventionelle darwinistische Theorie hingegen meint, die Evolution fände durch zufällige genetische Ereignisse statt, die keine Aussagen über die Zukunft zulassen. Doch wenn wir der Entwicklung der Zellen folgen, sollte unsere Zukunft immer mehr Kooperation aufweisen und immer mehr Harmonie, wobei wir Menschen (angefangen mit Zweierpaaren) lernen, zusammenzuwirken und so allmählich den größeren, höher entwickelten gemeinsamen Organismus der Menschheit zu bilden.

Wenn wir der Entwicklung der Zellen folgen, sollte unsere Zukunft immer mehr Kooperation aufweisen und immer mehr Harmonie.

Statt uns für unser Beziehungspech zu verfluchen, gilt es, zu erkennen, dass unsere Bemühungen um Verbindung einem Grundzug der Natur folgen und dass diese Verbindungen kooperativ und harmonisch sein können. Es gilt, dem Rat des weisen Rumi zu folgen, der sagt: »Gestern war ich klug, also wollte ich die Welt verändern. Heute bin ich weise, daher ändere ich mich selbst.«

Wenn wir anfangen, in Harmonie mit der Natur (und mit uns selbst) zu leben, können wir dazu übergehen, den Honeymoon-Effekt in unserem Leben zu erzeugen, einen Zustand, der auf Liebe, Kooperation und Kommunikation beruht. Im nächsten Kapitel werden wir uns den grundlegendsten Formen der Kommunikation zwischen Organismen zuwenden: den energetischen Schwingungen.

2.

Good Vibrations – gute Schwingungen

Ich glaube, dass es in der Natur
einen subtilen Magnetismus gibt,
der, wenn wir ihm unbewusst nachgeben,
uns richtig leiten wird.

Henry David Thoreau

Ich lebte im Paradies, weit weg von den juristischen und finanziellen Schwierigkeiten, die mein Leben bestimmt hatten, als ich einen Fehler machte, den kein anständiges nichtmenschliches Säugetier je machen würde. Zögert eine Gazelle, wenn sie die Gegenwart eines Löwen wahrnimmt? Schlendert sie zu dem Löwen hinüber und fragt: »Bist du mein Freund?« Natürlich nicht. Sobald die Gazelle einen Löwen wittert, beschleunigt sie auf bis zu 80 km/h, um nicht zum Abendessen verspeist zu werden.

Aber was tat ich, als zwei Häuser weiter ein menschliches Raubtier einzog, bei dem sich mir die Nackenhaare aufstellten? Nahm ich die olivfarbene Tönung seiner Haut als Warnzeichen? Oder das ängstliche Klopfen meines Herzen? Nahm ich das Bild eines Teufels, das unweigerlich bei jeder Begegnung mit ihm in mir auftauchte, als ein Signal, mich von ihm fernzuhalten?

Nein. Stattdessen arbeitete ich daran, mir meine körperliche Abneigung ihm gegenüber auszureden. Schließlich verwandelte ich mich gerade von einem agnostischen Professor in einen spirituellen Wissenschaftler. Ich konzentrierte mich auf positives Denken, und das bedeutete, ich wollte die Existenz menschlicher Raubtiere nicht wahrhaben. Ich versuchte mich auch in Vergebung. Mein Nachbar wirkte auf mich nicht nur teuflisch, er erinnerte mich auch an jemanden, der mich in einen Rechtsstreit verwickelt hatte, und ich dachte, ich könnte die Sache positiv wenden, indem ich innerlich daran arbeitete, ihm zu vergeben (was allerdings in diesem Fall bis heute nicht funktioniert hat). Ich rang mit meiner Abneigung, indem ich lockere Unterhaltungen mit ihm pflegte; ich wollte verbal höflich und freundlich sein. Mein Verstand betrachtete die Angst, die mich bei seinem Anblick jedes Mal befiel, als eine Art »New Age«-Buße.

Etwa ein Jahr, nachdem ich diesem Mann zum ersten Mal begegnet war, kamen die Umzugsleute, um meine Sachen einzupacken, weil ich von Barbados nach Grenada zog. Als die medizinische Hochschule, für die ich arbeitete, mich versetzte, meinte ich, meine Gutmütigkeit sei zweifach belohnt worden. Zum einen würde ich diesen Mann nie wieder sehen müssen, und zum anderen schienen mich meine Instinkte doch betrogen zu haben, denn er half fleißig mit, meine gesamten Sachen einzuladen (alles außer einem kleinen Koffer für eine kurze Reise in die Staaten), darunter auch meine geliebte, hochwertige Fotoausrüstung. »Vielleicht ist er doch kein so schlechter Kerl«, sagte mir mein Verstand, während mein Herz immer noch am liebsten die Flucht vor ihm ergreifen wollte.

Die Wahrheit brach über mich herein, als ich in die Karibik zurückkehrte und nach einigem Hin und Her mit dem Umzugsunternehmen feststellen musste, dass meine Sachen nicht mehr ankommen würden. Mein Raubtier-Nachbar war am Tag nach meiner Abreise zu dem Umzugsunternehmen gegangen, hatte den bereits bezahlten Transport storniert, sich mein Geld ausbezahlen lassen, meine gesamten Sachen gestohlen und war von der Insel verschwunden. Was ich für eine Lektion in Vergebung und positivem Denken gehalten hatte, endete als Lehre, wie ich den Verlust all meines Hab und Guts verarbeiten könnte. Wieder einmal. Es war das vierte und hoffentlich letzte Mal, dass ich alles verloren hatte. Ja, ich hatte ein ereignisreiches Leben!

Im Zusammenhang mit diesem Kapitel ist jedoch vor allem interessant, dass dieser Verlust all meiner Sachen eine schmerzliche Lektion darin war, auf meine Wahrnehmung »guter« oder »schlechter« Schwingungen zu vertrauen. Alle Organismen auf diesem Planeten kommunizieren primär über Schwingungen (bzw. Energie). Ich lernte auf schmerzliche Weise, welch großer Fehler es sein kann, diese primäre Art der Kommunikation zu missachten. Doch wir missachten sie ständig. Wir kaufen die Brooklyn Bridge, obwohl wir letztlich wissen, dass wir betrogen werden. Ungeachtet unserer Gefühle klammert sich unser Verstand an die Worte, vor allem wenn sie von glattzüngigen Schwindlern / Liebhabern gesprochen werden.

Alle Organismen auf diesem Planeten kommunizieren primär über Schwingungen (bzw. Energie).

Sosehr ich die Worte auch liebe – das Problem mit ihnen ist, dass sie die sehr viel zuverlässigere energetische Kommunikation oft überdecken. Ich hörte einmal morgens um drei, als ich gerade am Wegdösen war, in einem Film einen bemerkenswerten Satz aus einem Dialog, um dessentwillen es sich gelohnt hatte, die halbe Nacht aufzubleiben: »Sprache wurde erfunden, um Gefühle zu verbergen.« Nichts, was mein Raubtier-Nachbar gesagt hatte, enthielt irgendeinen Hinweis auf seine betrügerischen Absichten. Nichts, was ich gesagt hatte, ließ ihn wissen, dass ich ihm misstraute. Doch sosehr ich auch versuchte, es mir auszureden, wusste ich doch auf irgendeiner Ebene um seine schlechte Schwingung.

Um den Honeymoon-Effekt in Ihr Leben zu holen, sollten Sie sich diese wundervolle, Ihnen angeborene Gabe, gute und schlechte Schwingungen zu spüren, zunutze machen. Doch dafür gilt es wahrscheinlich zunächst, Ihre Programmierung aus Ihrer Jugend zu überwinden, und das wird nicht die einzige Programmierung sein, die Sie löschen müssen, wie im vierten Kapitel noch erklärt werden wird.

Um den Honeymoon-Effekt in Ihr Leben zu holen, sollten Sie sich diese wundervolle, Ihnen angeborene Gabe, gute und schlechte Schwingungen zu spüren, zunutze machen.

Die meisten von uns haben schon in jungen Jahren gelernt, die Botschaften zu ignorieren, die wir energetisch empfangen: »Achte nicht auf deine Gefühle, achte auf die Worte.« Also reden wir uns aus, was wir körperlich/energetisch wahrnehmen. Wir ignorieren Warnungen wie: »Er lügt, wenn er behauptet, mich zu lieben.« Wir fühlen uns schuldig (wie ich in Bezug auf meine Abneigung gegen meinen Nachbarn) und meinen, vernünftig zu sein, wenn wir uns sagen: »Ich muss mich irren, denn er sagt doch so schöne Dinge und ich liebe ihn doch und die Liebe überwindet alle Hindernisse.« Oder wir missachten gute Schwingungen und sagen uns: »Sie ist wirklich klasse, aber das kann nichts werden, sie ist einfach nicht mein Typ.«

Vielleicht erscheint Ihnen die Idee, energetisch übermittelte Botschaften zu empfangen, zu esoterisch. Tatsächlich entspricht sie jedoch den Grundlagen der allgemein akzeptierten Quantenphysik. Ja, jetzt sind wir beim eigentlichen Thema dieses Kapitels angelangt!

Es gab eine Zeit, da schien mir die Idee, wir könnten die Energie anderer Menschen lesen, auch zu abwegig. Wie die meisten

Biologen meiner Generation akzeptierte ich die Prinzipien der Newton'schen Physik, die auf brillante Weise messen und beschreiben, wie das materielle Universum funktioniert. Als Newton nachwies, dass er die Bewegungen des Sonnensystems allein durch physische Daten im Voraus beschreiben konnte, d.h. ohne Gott mit einzubeziehen, entstand zwischen den Wissenschaften und der Religion ein Riss. Zu der Zeit, als ich studierte, hatte sich dieser Riss zu einem Abgrund vergrößert. Bis vor Kurzem konzentrierten sich Naturwissenschaftler auf das Studium der physischen Dinge und überließen das Unsichtbare den Anhängern der Religionen, zu denen ich nicht gehörte.

Im Rückblick erkenne ich, dass es von mir genauso wie von anderen Wissenschaftlern unglaublich naiv war, zu meinen, die Mechanik des Universums ließe sich nur durch absolut rationale, traditionelle Newton'sche Physik erklären. So zutreffend die Newton'schen Prinzipien für die materielle Welt auch sind, sie reichen nicht aus, diese Welt zu erklären, in der es solche Dinge gibt wie gute und schlechte Schwingungen, Wunderheilungen, mediale Kommunikation und den Honeymoon-Effekt.

> So zutreffend die Newton'schen Prinzipien für die materielle Welt auch sind, sie reichen nicht aus, diese Welt zu erklären, in der es solche Dinge gibt wie gute und schlechte Schwingungen, Wunderheilungen, mediale Kommunikation und den Honeymoon-Effekt.

Wie die meisten Biologen brauchte ich eine Weile, um in der Post-Newton'schen Welt anzukommen. Als ich mich endlich mit Quantenphysik befasste, wurde mir klar, dass Max Planck, Werner Heisenberg und der Held meiner Kindheit, Albert Einstein, sowie andere Pioniere uns eine neue Physik geschenkt haben, die uns Einblick in jene Kräfte erlaubt, die wir nicht sehen können, die jedoch der eigentliche Stoff sind, aus dem das Leben besteht.

Die Quantenphysik lehrt uns, dass alles, was wir bislang für physisch hielten, nicht physisch ist. Stattdessen besteht in diesem Universum alles aus immaterieller Energie, und alles strahlt Energie aus. Es ist eine wissenschaftliche Tatsache, dass jedes Atom und jedes Molekül Licht (Energie) sowohl abstrahlt als auch absorbiert.[1] Und weil alle Organismen aus Atomen und Molekülen bestehen, strahlen auch Sie und ich und jedes Lebewesen Energie (Schwingungen) ab. Auch mein Raubtier-Nachbar, der eine Art von Energie abstrahlte, die ich besser hätte meiden sollen.

Alles in diesem Universum besteht aus immaterieller Energie. Jedes Atom und jedes Molekül absorbiert Licht (Energie) und strahlt Licht aus.

Vielleicht wenden Sie jetzt ein, ob nicht allein die Tatsache, dass ich regelmäßig bei meinen Vorträgen auf einer Bühne stehe, ohne durch die Bühne zu fallen, ein Beweis dafür ist, dass ich ein physisches Wesen sei und die Bühne aus materieller Substanz bestehe.

Nein und noch mal nein! Ich stehe auf der Bühne auf aktiven Energiewirbeln, deshalb falle ich nicht durch (auch wenn ich schon von der Bühne gefallen bin, aber das ist eine andere Geschichte). Und wenn Sie mich anschauen, ist die Tatsache, dass Sie ein physisches Wesen sehen, nur eine Illusion. Ich habe keine physische Struktur – was Sie sehen, sind die Photonen, die mich umwirbeln!

Falls Sie sich nicht bereits gut in der Quantenphysik auskennen, habe ich Sie jetzt sicher noch nicht davon überzeugt, Ihre Vorstellung, wir lebten in einer materiellen Welt, aufzugeben. Ich gebe zu, die Prinzipien der Quantenphysik sind merkwürdig und wundersam. Ich will also so gut ich kann erklären, wie es möglich ist, dass die Welt, die wir einst für materiell hielten, letztlich energetischer Natur ist.

Ursprünglich ging die Newton'sche Physik davon aus, dass das Atom das kleinste Teilchen des Universums ist. Das Wort »Atom« leitet sich aus dem Griechischen ab und bedeutet »unteilbar«. Im Jahr 1895 begann jedoch eine Renaissance der Physik, die unser Verständnis der Welt für immer ändern sollte. Zu dieser Zeit fanden die Physiker heraus, dass Atome aus noch kleineren Teilchen bestehen. Zuerst entdeckten sie die Elektronen, es folgten die Protonen und Neutronen. Und wie sich herausstellte, bestehen diese subatomaren Teilchen aus einer Menge noch kleinerer und sich merkwürdig verhaltender Teilchen, zu denen Bosonen, Fermionen und Quarks gehören. Die Entdeckung dieser noch kleineren subatomaren Teilchen eröffnete uns das neue Reich der Quanten, deren eigenartige Merkmale die Prinzipien der traditionellen Newton'schen Physik über den Haufen warfen.

Das Merkwürdigste an der Quantenphysik ist, dass diese kleineren subatomaren Teilchen nicht aus Materie bestehen – sie sind überhaupt nicht physischer Natur. Ich zeige gerne das folgende Bild, wo ein Newton'sches Atom neben einem Quantenatom dargestellt wird.

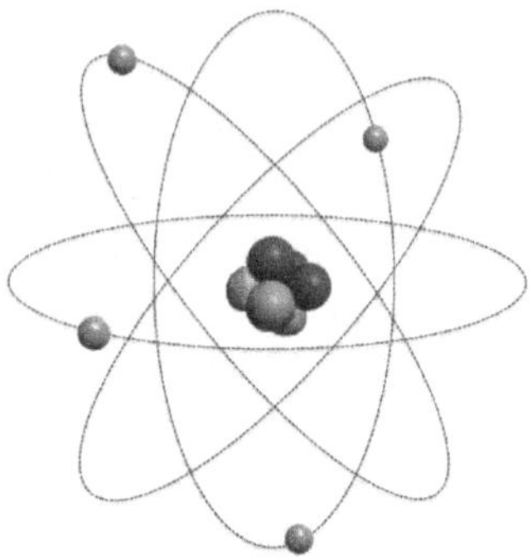

Newton'sches Atom | Quantenatom

Das linke – Newton'sche – Atom lässt sich leicht auf konkrete Weise mit Hilfe von Kugeln darstellen; es ähnelt einem Sonnensystem, Sie kennen das wahrscheinlich aus der Schule.

Die Illustration des Quantenatoms auf der rechten Seite wirkt jedoch wie ein Fehler – es ist nichts zu sehen. Wie die Quantenphysiker nämlich erkannt haben, gibt es im Atom keine physikalische Substanz; die Untereinheiten des Atoms bestehen aus äußerst kraftvollen unsichtbaren Energiewirbeln, man könnte sagen: aus Nano-Tornados.

Die Materie ist also eine merkwürdige Form von Energie – sie ist nicht physisch.

Für alle, die daran gewöhnt waren, diese Welt für materiell zu halten (auch Wissenschaftler), ist dieses Konzept schwer zu fassen.

Wie die Quantenphysiker erkannt haben, gibt es im Atom keine physikalische Substanz; die Untereinheiten des Atoms bestehen aus äußerst kraftvollen unsichtbaren Energiewirbeln.

Vielleicht hilft es, sich die Energie eines Atoms als einen Wirbelsturm vorzustellen, der Ihnen entgegenkommt, während Sie mit Ihrem Porsche eine leere Straße entlangsausen. Der Wirbelsturm erscheint Ihnen als physische Struktur, weil er so viel Staub und Dreck in sich aufgenommen hat. Würden Sie all den Staub und Dreck herausfiltern, wäre, wie unten auf dem rechten Bild dargestellt, keine physische Struktur mehr sichtbar – es bliebe nichts als ein unsichtbares Kraftfeld. Aber wenn Sie fröhlich weiterfahren würden, könnten Sie seine Kraft direkt erfahren. Ihr Versuch, durch den Wirbelsturm zu fahren, wäre so fatal, als würden Sie gegen eine Mauer krachen, denn die energetische Kraft des Wirbelsturms bietet anderen Kräften (Ihrem schnellen Porsche) genauso viel Widerstand wie physische Materie (die Mauer). Tatsache ist, dass die Kräfte der atomaren Nano-Tornados erheblich stärker sind als zum Beispiel jene des Hurrikans Katrina. Dieser Kräfte wegen kann ich auf der Bühne stehen, ohne durch sie hindurchzufallen. Unter meinen Füßen befinden sich Billionen von wirbelnden Nano-Tornados.

Folgen wir diesem Verständnis der Atome zu seiner logischen Schlussfolgerung. Atome bestehen aus Energiewirbeln. Das heißt, Moleküle, die aus Atomen bestehen, sind ebenfalls Energiewirbel. Und Zellen, die aus Molekülen bestehen, sind auch Energiewirbel. Und Menschen, die aus Billionen von Zellen bestehen, sind letztlich auch … Energiewirbel. Es stimmt, wir sehen so aus, als wären wir physische Substanz, aber es ist eine Illusion, eine Lichttäuschung. Wir bestehen ganz und gar aus Energie!

Wir Menschen sehen so aus, als wären wir physische Substanz, aber es ist eine Illusion, eine Lichttäuschung. Wir bestehen ganz und gar aus Energie!

Was hat das mit unserem persönlichen Leben zu tun? Konventionellen Physikkursen zufolge nichts, denn sie gehen davon aus, dass sich die Prinzipien der Quantenmechanik nur auf die subatomare Ebene beziehen. Doch manche Physiker meinen wie ich, dass die Prinzipien der Quantenmechanik tiefgreifende Bedeutung für unser persönliches Leben haben. Haben wir erst einmal die Tatsache akzeptiert, dass wir im Wesentlichen energetische Wesen sind, unauflösbar verbunden mit dem riesigen, dynamischen Feld, zu dem wir gehören, können wir uns nicht mehr als machtlose, vereinzelte Individuen betrachten, die in der Darwin'schen Evolutions-Lotterie ein zufälliges Los gezogen haben. Die Mystiker aller Zeiten sagen uns immer wieder, dass alles im Universum verbunden ist. »Für eine Welle im Ozean findet der Moment der Erleuchtung statt, wenn sie erkennt, dass sie Wasser ist«, beschreibt es der vietnamesische, buddhistische Mönch Thich Nath Hanh.

Ich veranschauliche die Mechanik dieses unsichtbaren Energiefeldes und seiner Wirkung auf unser Leben gerne durch Beispiele aus der uns vertrauten, sichtbaren Welt. Wenn Sie zwei Kiesel in einen Teich fallen lassen, erzeugen sie Wellen. Die Energie dieser Wellen wird nicht durch die Kiesel erzeugt, sie ist vielmehr die physische Entsprechung der Form der unsichtbaren Energie. Die Wasserwellen entstehen durch die Kraft der Bewegungsenergie (Sie erinnern sich an den Wirbelsturm und den Porsche), die bei ihrem Verlauf über die Oberfläche des Teichs das Wasser umformt.

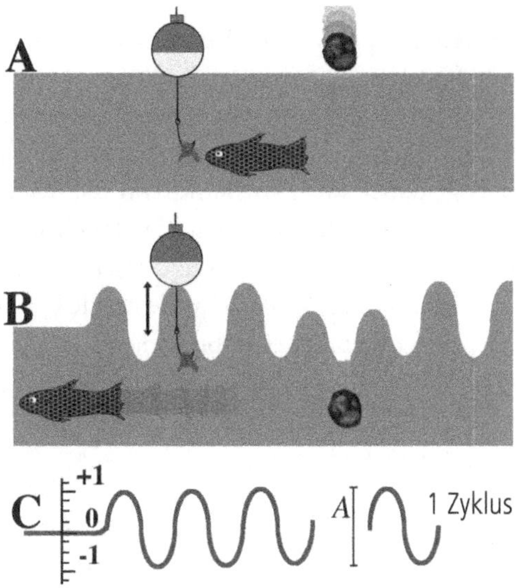

Die Geschichte der Wellen: In Abbildung A sinnt ein Fisch darüber nach, einen Wurm zu fressen, während ein Kiesel kurz davor ist, ins Wasser zu fallen. Wenn der Kiesel in Abbildung B ins Wasser gefallen ist, überträgt sich seine kinetische Energie auf das Wasser und breitet sich von dem Ort des Aufpralls in konzentrischen Kreisen aus. Die Bewegungsenergie formt das Wasser zu kleinen Wellen, aber das Wasser selbst bewegt sich nicht vom Fleck. Dies wird an dem Schwimmer des Anglers deutlich, der sich auf und ab bewegt, wenn die Wellen unter ihm durchlaufen. Die Tatsache, dass sich der Schwimmer nicht horizontal mit den Wellen mitbewegt, ist ein Zeichen dafür, dass sich das Wasser unter dem Schwimmer nicht horizontal bewegt. Die Form der Wellen offenbart den wellenartigen Charakter der Bewegungsenergie. Abbildung C zeigt die Form der Energiewellen. Die Höhe und Tiefe der Wellen ist Ausdruck der Stärke der Energie. Je größer der Kieselstein, desto mehr Energie überträgt sich auf das Wasser. Die Stärke der Energie – dargestellt in der Höhe und Tiefe der Wellen, wird als »Amplitude« bezeichnet (siehe *A*). Die Frequenz der Energie ist definiert als die Anzahl der Wellen pro Sekunde (= Hertz).

Lassen Sie uns zwei hypothetische Experimente durchführen, um zu sehen, wie Energien miteinander in Wechselwirkung treten. Wir werfen zunächst zwei Kiesel genau derselben Größe aus genau derselben Höhe zu genau demselben Zeitpunkt ins Wasser. Mein Augenmerkt liegt dabei auf dem Punkt, wo die Wellen der beiden Kiesel aufeinandertreffen. An dieser Stelle sehen wir, dass die Stärke der Energiewellen zunimmt, weil die kombinierten Wellen höher sind als die einzelnen Wellen, aus denen sie hervorgegangen sind. Diese aus zwei miteinander verbundenen Energien hervorgegangene additive Kraft einer Welle wird als »konstruktive Interferenz« bezeichnet, weil die Größe der Welle zunimmt, wie auf der folgenden Abbildung zu sehen ist.

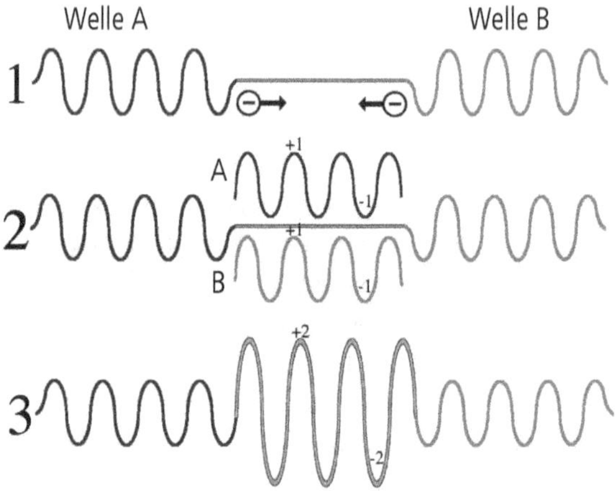

Konstruktive Interferenz: In Abbildung 1 bewegen sich zwei Wellenbewegungen über das Wasser aufeinander zu. Dabei sind beide Wellen phasengleich – beide führen hier mit ihrer negativen Amplitude. Ihre Zyklen stimmen überein, es entsteht eine harmonische Resonanz. Wo die Wellen zueinander passen, verschmelzen sie miteinander. Um die Konsequenzen dieses Zusammentreffens zu verdeutlichen, wurden beide Wellen in Abbildung 2 übereinander dargestellt. Wenn die Amplitude von Welle A auf +1 ist, ist auch die Amplitude von Welle B auf +1. Die zusammengesetzte Welle hat also an diesem Punkt eine Amplitude von +2. Genauso ist A an der gleichen Stelle –1 wie B, die gesamte Amplitude beträgt dann also –2. Die erhöhte Amplitude in Abbildung 3 ist ein Beispiel für konstruktive Interferenz.

Für das zweite Experiment lassen wir einen Kieselstein etwas später als den anderen fallen. Diesmal verstärken sich die Wellen nicht gegenseitig, weil sie nicht synchron verlaufen – sie sind nicht harmonisch. Wenn die eine Welle aufsteigt, fällt die andere Welle ab. Diese phasenungleichen Energiewellen annullieren sich gegenseitig; statt sich zu verdoppeln, wird die Energie gemindert. Wie Sie auf der Abbildung erkennen, ist das Wasser an der Stelle des Zusammentreffens ruhig. Dieses Phänomen der sich annullierenden Energiewellen nennen wir »destruktive Interferenz«, weil die Größe der Welle gemindert wird.

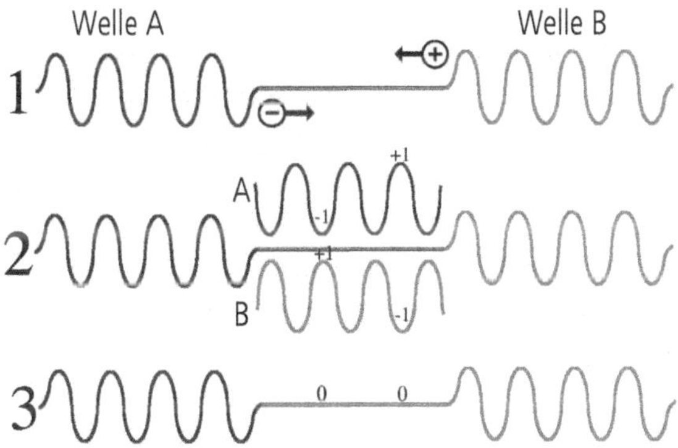

Destruktive Interferenz: In Abbildung 1 bewegt sich die Welle A eines ersten Kiesels von links nach rechts. Welle B eines kurz danach hineingeworfenen zweiten Kiesels fließt von rechts nach links. Da die Kiesel nicht zur gleichen Zeit auf dem Wasser aufgetroffen sind, bewegen sich die Wellen nicht phasengleich. Hier führt Welle A mit einer negativen Amplitude und Welle B mit einer positiven. Wenn sie sich, wie in Abbildung 2 dargestellt, begegnen, wirken sie wie Spiegelbilder. Die hohe Amplitude von Welle A trifft auf die niedrige von Welle B und umgekehrt. Wie in Abbildung 3 deutlich wird, annullieren sich die Amplitudenwerte der Wellen, und die zusammengesetzte Welle hat die Amplitude 0 – sie ist also gar keine Welle mehr, sondern flach. Diese sich annullierenden Energiewellen sind ein Beispiel für destruktive Interferenz.

Man braucht kein Beziehungsexperte oder Quantenphysiker zu sein, um zu erkennen, worauf ich hinauswill. Aus quantenphysikalischer Sicht lässt sich die Liebe als konstruktive Interferenz definieren – man kann auch sagen: als gute Schwingung. Durch gute Schwingungen teilt uns die Natur mit, dass wir uns am richtigen Platz oder in Gesellschaft der richtigen Person befinden. Schon allein mit einem Partner, mit dem wir uns in Harmonie befinden, im selben Raum zu sein, kann unsere Energie heben; gemeinsam erzeugen wir hohe Energiewellen.

Die Liebe lässt sich als konstruktive Interferenz definieren. Durch gute Schwingungen teilt uns die Natur mit, dass wir uns am richtigen Platz oder in der Gesellschaft der richtigen Person befinden.

Durch destruktive Interferenz jedoch, die wir auch »schlechte Schwingungen« nennen, macht uns die Natur auf mögliche Gefahrenquellen aufmerksam. In einer Beziehung kann uns die schlechte Schwingung, die unser Nervensystem registriert, darauf aufmerksam machen, dass wir uns in schlechter Gesellschaft befinden. Eine energetisch disharmonische Beziehung führt oft zu zermürbenden Streitereien und Anschuldigungen; nur im selben Raum mit solch einem Partner zu sein, kann uns bedrücken.

Wenn wir uns mit der Energie von jemand anderem »verschränken«, sollte die Interferenz konstruktiv sein. Das Zusammensein sollte unsere Energie erhöhen, nicht mindern.

Wenn wir uns also mit der Energie von jemand anderem »verschränken«, wie es in der Quantenphysik heißt, sollte die Interferenz konstruktiv sein und nicht destruktiv. Das Zusammensein sollte unsere Energie erhöhen, nicht mindern. Das Phänomen, dass Sie sich in der Gesellschaft mancher Menschen lebendiger und in der Gegenwart anderer erschöpfter fühlen, ist Ihnen zweifellos bereits bekannt. Nachdem Sie jetzt auch den wissenschaftlichen Hintergrund kennen, hoffe ich, dass Sie es sich zur Gewohnheit machen werden, sich mit Menschen zu umgeben, die Sie energetisch aufbauen.

Die Chinesen haben übrigens lange vor der Entdeckung der Quantenphysik viel über den Einfluss der nichtmateriellen Aspekte des Universums herausgefunden und erkannt, dass auch physische Dinge zu unserem energetischen Befinden beitragen. Physische Dinge haben genauso eine Schwingung wie wir. Im Feng-Shui, das sich aus der chinesischen Astronomie entwickelt hat, dreht sich alles darum, die physische Umgebung so auszurichten, dass sie zur eigenen Energie passt, und damit das Qi (die Energie) zu stärken. Unserem westlichen Denken mag dieser Ansatz seltsam erscheinen, aber zweifellos haben Sie Derartiges auch schon erlebt, ohne sich dessen bewusst zu sein.

Im Feng-Shui dreht sich alles darum, die physische Umgebung so auszurichten, dass sie zur eigenen Energie passt, und damit das Qi zu stärken.

Stellen Sie sich vor, Sie gehen zum Schlussverkauf in einen Schuhladen. Sie finden fünf Paar Schuhe, die Ihnen gefallen. Sie kosten alle gleich viel, sind von derselben Marke, sehen aber unterschiedlich aus. Wie wählen Sie das Paar aus, das Sie kaufen? Wie treffen Sie Ihre endgültige Entscheidung? Die Antwort lautet: Sie kaufen die Schuhe, in denen Sie sich gut fühlen. Sie laden Sie stärker mit Energie auf als die anderen Paare. So gehen Sie mit dem Paar Schuhe nach Hause, das Sie lieben, und nicht mit einem, das Sie mögen.

Oder wenn Sie jemanden in seinem Haus besuchen und denken: »Wow, das ist wirklich ein schönes Zuhause, es fühlt sich so friedvoll an, ich fühle mich hier richtig wohl.« Solch ein Haus ist im Einklang mit seinen Bewohnern und wahrscheinlich auch mit Ihrem Energiefeld. Und ein anderes Mal besuchen Sie jemanden und denken vielleicht: »Was für komische Tapeten! Und wie können die nur so ein schreckliches Bild da hinhängen?!« Dieses Haus und vermutlich auch seine Bewohner passen wohl eher nicht zu Ihrer Energie.

Oder denken Sie daran, wo Sie sich in Ihrer Wohnung hinsetzen, um ein schönes Buch zu lesen. Sie kuscheln sich in den einen Sessel, in dem Sie sich wohlfühlen, und nicht in den anderen, der vielleicht genauso aussieht und direkt daneben steht. Nicht der Sessel selbst macht den Unterschied, sondern seine Position im Energiefeld ist Ihnen angenehm. In der Analogie mit den Wasserwellen steht Ihr Lieblingssessel am Punkt der Konvergenz der Wellen, an dem sie die stärkste konstruktive Interferenz bilden.

Ich gebe Ihnen noch ein Beispiel: Haben Sie je Ihren Partner verrückt gemacht, weil Sie unbedingt alle Möbel umstellen oder gar durch neue ersetzen wollten? Der Drang, die Möbel umzustellen oder zu ersetzen, ist oft ein Hinweis darauf, dass Sie sich verändert haben und das Energiefeld der derzeitigen Einrichtung nicht mehr zu Ihrem neuen Energiefeld passt. Vielleicht haben Sie sich sogar so sehr verändert, dass Sie das Haus ganz und gar verlassen müssen und Ihren Partner gleich mit, weil Haus und Partner keine konstruktiven Interferenzmuster mit Ihrem Leben mehr bilden!

Der Knackpunkt ist: Lassen Sie sich nicht durch Ihren Verstand davon abbringen, was Ihnen Ihre innere Stimme sagt – ob es nun um das Umstellen der Möbel geht oder um das Abhängen eines Bildes, mit dem Sie sich unwohl fühlen, um eine neue Partnerin in Ihrem Leben oder den Abstand zu einem Nachbarn, der Ihnen nicht so ganz geheuer ist. Wenn Sie auf die guten und schlechten Schwingungen achten, stärkt das Ihre Energie; wenn Sie Ihre Energie stärken, bereichert das Ihr Leben. Wenn Sie die Bedeutung guter und schlechter Schwingungen hingegen missachten, könnten Sie in der sprichwörtlichen Höhle des Löwen landen oder unter Umständen sogar den Rest Ihres Lebens dort verbringen und sich elend fühlen.

> Lassen Sie sich nicht durch Ihren Verstand davon abbringen, was Ihnen Ihre innere Stimme sagt!

Doch wir Menschen vermögen noch mehr. Mit unseren hoch entwickelten Gehirnen können wir gute und schlechte Schwingungen nicht nur wahrnehmen – wir können durch die Gedanken in unserem Gehirn auch gute und schlechte Schwingungen erzeugen.

Für die meisten Menschen ist dieses Konzept noch schwerer anzunehmen als spirituelle Allverbundenheit, Feng-Shui und destruktive/konstruktive Interferenz, weil wir so daran gewöhnt sind, dass unsere Gedanken in unseren Köpfen wohnen – wie wir in so mancher Nacht, in der unsere sorgenvollen Gedanken uns den Schlaf geraubt haben, leidvoll erfahren haben.

Wir können durch die Gedanken in unserem hoch entwickelten Gehirn auch gute und schlechte Schwingungen erzeugen.

Doch es ist tatsächlich so, dass unsere Gehirne Signale in unsere Umwelt abgeben und ebenso auf Signale aus der Umgebung reagieren. Die moderne Medizin befasst sich damit, um Erkenntnisse zur Diagnose und Behandlung von Krankheiten zu gewinnen. Zweifellos kennen Sie die Elektroenzephalografie (EEG): Sensoren werden auf die Kopfhaut gesetzt, um die elektrische Aktivität im Gehirn zu messen. Bei der Magnetenzephalografie (MEG) wird auch die elektromagnetische Aktivität des Gehirns untersucht, wobei die Sensoren den Kopf nicht berühren müssen. Diese erstaunliche, nichtinvasive Technologie, die für Forschungszwecke und zur Diagnose beispielsweise von Tumoren eingesetzt wird, funktioniert, weil das Gehirn Energiefelder außerhalb des Kopfes erzeugt.

Eine weitere nichtinvasive Technologie ist die Transkranielle Magnetstimulation (TMS), die ein Magnetfeld außerhalb des Kopfes erzeugt, um die elektrische Aktivität in gezielten Bereichen des Gehirns zu stimulieren.[2] Wie im Jahr 2003 australische Wissenschaftler in einer Studie herausfanden, konnten autistische Geisteskranke, deren Gehirnaktivität mit TMS stimuliert wurde, in etlichen Fällen allmählich besser zeichnen.[3] Im Jahr 2000 wiesen Forscher der Yale University nach, dass sich mit TMS die auditiven Halluzinationen von Schizophrenen mindern ließen.[4]

Am häufigsten wird TMS zur Behandlung von Depressionen eingesetzt, die auf andere Therapieformen nicht angesprochen haben. In über dreißig veröffentlichten Studien hat sich TMS bei behandlungsresistenter Depression als hilfreich erwiesen, weshalb die amerikanische Behörde zur Überwachung von Nahrungs- und Arzneimitteln 2008 das erste TMS-Gerät zur Behandlung von Depressionen zuließ. Eine 2012 in der Wiley Online Library »Depression and

Anxiety« veröffentlichte Studie bestätigt die Wirksamkeit von TMS zur Behandlung starker klinischer Depressionen. Der Bericht fasst die Daten von 42 klinischen TMS-Anwendungs-Standorten in den USA zusammen, die insgesamt 307 Patienten mit klinischer Depression behandelten. In 58 Prozent der Fälle konnte eine positive Reaktion beobachtet werden, und in 37 Prozent der Fälle kam es zur Rückbildung.[5]

> Das Gehirn erzeugt Energiefelder und reagiert auf sie; sie wirken sich auf das Zellverhalten, die Genexpression und die allgemeine Wahrnehmung und Stimmungslage aus.

All diese Technologien bestätigen, dass das Gehirn Energiefelder erzeugt und auf sie reagiert; sie wirken sich auf das Zellverhalten, die Genexpression und die allgemeine Wahrnehmung und Stimmungslage aus. Dieses Feld ist auch für die Freisetzung und Verbreitung von Neuropeptiden und anderen Neurotransmittern verantwortlich, die die Zell- und Genaktivität beeinflussen. Der Einfluss dieses Feldes zeigt sich auch im Placebo-Effekt, bei dem Heilung dadurch entsteht, dass der Verstand von der Wirksamkeit eines Medikaments oder einer Therapie überzeugt ist, auch wenn das Mittel selbst nur aus Zucker besteht oder die Prozedur keinerlei medizinischen Wert besitzt.

> Nachdem ein Quantenteilchen einmal mit einem anderen Teilchen in Wechselwirkung stand, bleibt es mit diesem verbunden, egal wie weit es von ihm entfernt wird.

Um die potenzielle Macht unserer Gedanken und Überzeugungen wirklich zu erfassen, hilft es, ein weiteres Prinzip der Quantenmechanik, die sogenannte »Nonlokalität« zu betrachten, die Einstein als »unheimliche Fernwirkung« bezeichnete.

Es zeigt sich, dass ein Quantenteilchen, nachdem es einmal mit einem anderen Teilchen in Wechselwirkung stand (was in der Quantensprache »Verschränkung« genannt wird), mit diesem verbunden bleibt, egal wie weit es von ihm entfernt wird (daher »nonlokal«).

Wenn zum Beispiel der Spin (ähnlich wie ein Wirbelsturm) eines Teilchen rechts herum dreht, dreht es sich bei dem Zwillingsteilchen gegenläufig, also links herum.

Quantenteilchen zeichnen sich auch durch eine Richtungspolarität aus, die nach oben oder unten gerichtet ist. Wenn die Polarität eines Teilchens nach oben weist, ist sein Partnerteilchen nach unten ausgerichtet. Ändert sich die Polarität oder die Rotationsrichtung des einen Teilchens, springt auch die Polarität oder die Rotationsrichtung des anderen Teilchens um, selbst wenn sich das eine Teilchen in Paris und das andere in Peking befindet.

Weil das Konzept der Nonlokalität jedem, der in der materiellen Welt verankert ist, äußerst seltsam erscheinen muss, haben Physiker eine Vielzahl von Geschichten erfunden, um es Laien und Fachleuten zu erklären. Der Physiker Luming Duan von der University of Michigan beispielsweise spricht von einem Quanten-Casino, dessen Roulette-Räder miteinander verbunden sind; sobald auf einem Tisch die Kugel ins Schwarze rollt, landet sie sofort am nächsten Tisch in Rot.[6]

Während sich Quantenpartikel laut physikalischer Erkenntnisse nonlokal beeinflussen, hat sich die parapsychologische Forschung der Frage gewidmet, ob auch der menschliche Geist in diesem Sinne nonlokal verschränkbar ist. Und sie ist fündig geworden! Mediale Heiler, Eltern und Liebende kennen das Phänomen, das sie manchmal spüren konnten, wenn einem bestimmten Menschen, dem eigenen Kind oder dem geliebten Partner etwas zugestoßen ist, selbst wenn dieser sich ganz woanders befand.

Der theoretische Physiker Amit Goswami schreibt, seine Forschungen an der University of Mexico hätten ihn »unausweichlich« zu dem Schluss geführt, dass sich der menschliche Geist nonlokal verbindet: »Quanten-Nonlokalität ereignet sich auch zwischen Gehirnen.«[7]

Bei den Experimenten an der Universität von Mexiko meditierten zwei Personen nebeneinander zwanzig Minuten lang in einem abgeschirmten Faraday'schen Raum mit der Absicht, ihren meditativen Zustand miteinander zu teilen. Dann wurden die beiden Personen in getrennte Faraday'sche Räume gebracht, die in einem Experiment drei Meter und in einem anderen 14,5 Meter voneinander entfernt waren, und wurden an EEG-Geräte angeschlossen. Der einen Person wurde ab und zu ein rotes Licht in die

Augen gestrahlt, was ein bestimmtes Gehirnwellenmuster erzeugt. In einem Viertel der Fälle hatte eine »Verschränkung« stattgefunden – bei der anderen Person konnte zum selben Zeitpunkt dieses spezifische Gehirnwellenmuster festgestellt werden, obwohl sie kein Licht sah und davon auch nichts wusste.[8]

Die Schwingungs-Verschränkung ist wesentlicher Bestandteil des »Gesetzes der Anziehung« und des »Gesetzes der Abstoßung«.

Diese Schwingungs-Verschränkung ist wesentlicher Bestandteil des »Gesetzes der Anziehung« und des weniger bekannten, jedoch oft persönlich relevanteren »Gesetzes der Abstoßung«, die bestimmen, was Sie in Ihr Leben holen und was Sie ausschließen.

Ich illustriere diese Gesetze gerne mit der Analogie von Kristallkelchen und einer Stimmgabel, wie sie unten in Abbildung A zu sehen sind. Jeder der vier Kelche vibriert in einer anderen Frequenz, die wir als W, X, Y und Z bezeichnen wollen, denn jeder Kelch besteht aus einer anderen Kombination von Atomen.

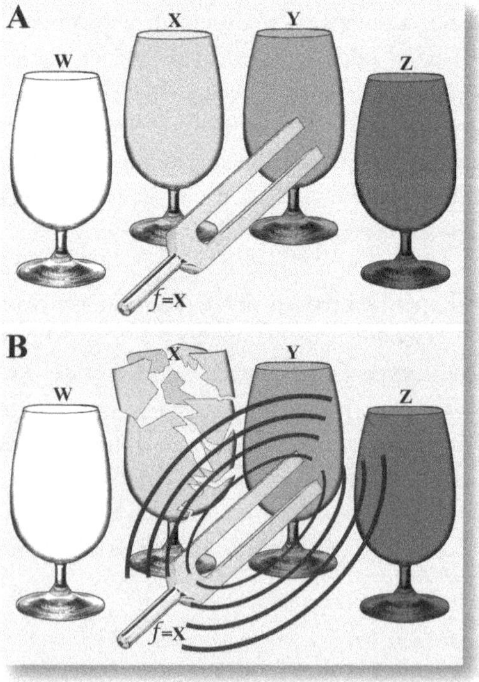

In Abbildung B schlage ich eine Stimmgabel an, die auf der Frequenz X schwingt. Genauso wie ein ausgebildeter, kraftvoller Sänger kann auch die Stimmgabel die Atome von Kelch X dazu bringen, immer schneller und schneller zu schwingen, bis der Kelch zerspringt. Das ist die Art konstruktiver Interferenz, die Sie aus Ihren Flitterwochen kennen, als die Energien von Ihrem Partner und Ihnen auf bestmögliche Art miteinander verschränkt waren.

Jetzt denken Sie wahrscheinlich, wenn es nur so einfach wäre, würde ich gleich losgehen und eine Stimmgabel kaufen, um mir meine Welt entsprechend zu gestalten ... Die gute Nachricht lautet: Sie brauchen sich keine Stimmgabel zu kaufen, Sie besitzen bereits eine. Die Gedanken, die Ihr Gehirn ausstrahlt, wirken genau wie eine höchst komplexe Stimmgabel.

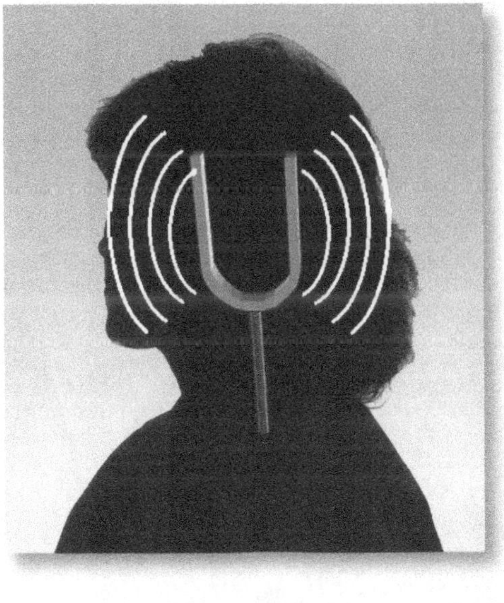

Bei Aufnahmen mit einem Magnetenzephalografen wird die Gehirnaktivität mit einer Sonde gemessen, die nicht in Kontakt mit dem Körper ist. Wie die Ergebnisse zeigen, ist unsere neurologische Aktivität nicht auf den Kopf beschränkt, sondern strahlt ähnlich einer schwingenden Stimmgabel auf das ihn umgebende Feld aus.

Um die Macht unseres Stimmgabel-Gehirns zu verdeutlichen, können wir den Kelchen unterschiedliche emotionale »Energien« zuordnen:

Auf dem Kelch W sehen Sie in der Abbildung unten das Bild eines sich wütend anschreienden Paares.

Kelch X zeigt die Szene »Wie bin ich bloß bei diesem Kerl gelandet?«.

Auf Kelch Y feiert ein Liebespaar bei einem romantischen Abendessen seine Flitterwochen.

Auf Kelch Z zankt sich ein Paar vor dem Scheidungsgericht.

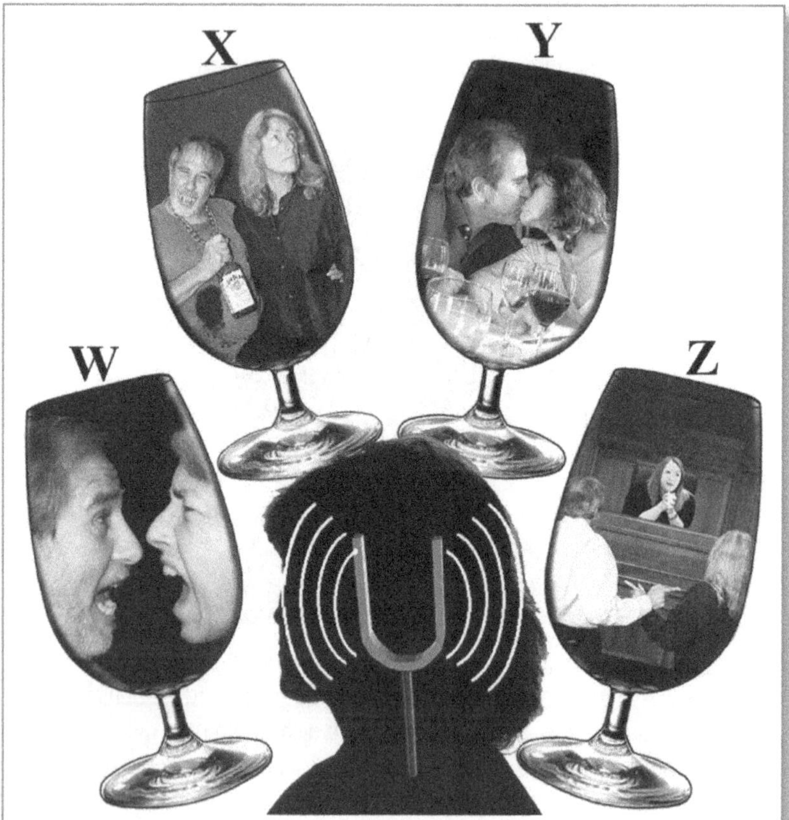

Angesichts dieser Möglichkeiten fällt die Entscheidung leicht, sich auf den Kelch Y auszurichten. Dieses Mal nehmen wir allerdings keine sichtbare Stimmgabel, sondern die Gedanken, die unser »Stimmgabel-Gehirn« aussendet. Konzentrieren Sie sich auf das Bild auf Kelch Y und Ihre emotionale Begeisterung jener Tage/Wochen/Monate/Jahre, in denen Sie vollkommen der Flitterwochen-Stimmung hingegeben waren. Vergessen Sie den Kerl, der Sie verließ, nachdem Sie ihn durch seine ganze Ausbildung durchgefüttert hatten. Vergessen Sie die Frau, die Sie wegen des smarten IT-Millionärs verlassen hat. Verbannen Sie alle Erfahrungen mit Szenen der anderen Kelche aus Ihren Gedanken – schließlich wollen Sie mit derartigen Energien keine konstruktive Interferenz herstellen, sonst landen sie wieder auf Ihrer Türschwelle! Es geht darum, die von den Kelchen W, X und Z repräsentierten Energien nicht durch Gedanken zu aktivieren, sondern die von Kelch Y dargestellten zu aktivieren. Wenn unsere Gedanken im Sinne dieses Bildes schwingen, wird sich das harmonische Szenario eines ekstatischen Liebespaares in unserem Leben manifestieren.

Diese Kelch-Analogie zeigt, wie wichtig es ist, unsere leidenschaftlich negativen, angstbesetzten, wütenden Gedanken und Emotionen in leidenschaftlich positive Gedanken und Emotionen zu verwandeln, um den Honeymoon- bzw. Flitterwochen-Effekt in unser Leben zu holen. Überlegen Sie, welche der fünf Kelche Sie in Ihrem Leben wiederfinden, und wenn die Antwort lautet: »Alle außer Kelch Y«, sollten Sie einmal auf Ihre Gedanken achten. Sie können sich das Leben erschaffen, das Sie sich wünschen, indem Sie darauf achten, dass die Gedanken, die Sie ausstrahlen, genau das widerspiegeln, was Sie in Ihr Leben holen möchten. Wenn Sie ständig Ärger über Ihre vorigen Beziehungen ausstrahlen, wird dieselbe Art destruktiver Beziehung auch wieder in Ihr Leben treten. Vermeiden Sie derartige negative Gedanken bzw. Bilder, dann werden sich diese Szenen wahrscheinlich nicht in Ihrem Leben verwirklichen.

Sie können sich das Leben erschaffen, das Sie sich wünschen, indem Sie darauf achten, dass die Gedanken, die Sie ausstrahlen, genau das widerspiegeln, was Sie in Ihr Leben holen möchten.

Menschliche und tierische Raubtiere wissen das instinktiv. Nehmen Sie nur das Beispiel von dem Löwen, mit dem ich dieses Kapitel eröffnet habe. Im Gegensatz zu menschlichen Jägern hat es der Löwe nicht auf eine Trophäe abgesehen, um seine Löwenhöhle mit ein paar prächtigen Hörnern zu schmücken. Der Löwe will fressen. Also sucht er sich die schwächste Gazelle aus, mit der er das leichteste Spiel zu haben meint, um so am schnellsten und einfachsten zu seinem Abendessen zu kommen.

Sofern sie nicht aus Vergnügen jagen, verhalten sich menschliche Raubtiere genauso. Raubmörder suchen sich Opfer aus, die eine ängstliche oder zerstreute Energie ausstrahlen (und irren sich manchmal und müssen dann selbst ums Überleben kämpfen). Dabei schauen sie weniger darauf, was die Leute anhaben – sie spüren vielmehr die Schwingung. Das musste ich auch meinem Raubtier-Nachbarn lassen: Er war gut in dem, was er tat, denn er hatte meine Schwäche richtig erkannt; er hatte gespürt, dass ich nicht auf Distanz zu ihm gehen wollte, wie es besser für mich gewesen wäre. Hätte ich nicht so eine ambivalente Ausstrahlung gehabt, hätte er sich vermutlich ein geeigneteres Opfer gesucht.

Eine interessante Reihe von Experimenten der Parapsychologie-Forscherin und Anthropologin Marilyn Schlitz vom Institute for Noetic Sciences und des Parapsychologie-Skeptikers und Psychologen Richard Wiseman legen die Vermutung nahe, dass die von Forschern ausgestrahlten Gedanken selbst bei klassischen wissenschaftlichen Experimenten eine Rolle spielen. Wiseman und Schlitz arbeiteten an einer Studie zusammen, mit der sie herausfinden wollten, ob eine Person merkt, dass sie angestarrt wird, auch wenn sie es nicht sieht. Es kam zu statistisch signifikanten Ergebnissen, wenn Schlitz die Person anstarrte; dagegen zeigte sich keine Wirkung, wenn Wiseman starrte.[9] Alle, die mein Buch »Intelligente Zellen« gelesen haben, wird das nicht überraschen. Schlitz glaubte an die Sache, und dann funktionierte sie auch. Wiseman glaubte nicht daran, und seiner Überzeugung gemäß funktionierte es auch nicht.

Vielleicht denken Sie jetzt (negativ): »Tja, dann gibt es wohl keinen Honeymoon-Effekt für mich, denn meine Überzeugungen sind alle negativ, weil ich nur negative Erfahrungen gemacht habe.« Falls Sie zu denen gehören, die hartnäckig Nein sagen, habe ich gute Nachrichten für Sie, die Sie zum Denken anregen könnten: Selbst wenn Ihre Beziehungen bislang nur schrecklich waren und Sie immer noch Bitterkeit darüber empfinden – *tun* Sie einfach eine Weile *so, als ob!* Indem Sie den Fokus Ihres Denkens auf Liebe, Unterstützung und eine intime emotionale Beziehung richten, wie sie auf Kelch Y dargestellt ist (selbst wenn es Ihnen wie eine Szene von einem anderen Planeten erscheint), können Sie diese Art von Beziehung in Ihr Leben holen. Sie können solch eine liebevolle Beziehung anziehen, obwohl Sie sie in der Vergangenheit nie erfahren haben. Aber wenn Sie sich weiterhin in der Art von Bildern suhlen, die auf den anderen Kelchen dargestellt sind, wird das die Art von Beziehung sein, die Sie auch in Zukunft erleben werden.

Sollte das so klingen, als sei das Opfer selbst schuld, dann ist das ein Missverständnis. Wie können wir »schuld« sein an unserem vergangenen Verhalten, wo wir uns doch nicht bewusst waren, wie unsere Gedanken und Überzeugungen unsere Welt beeinflussen? Es kann aus einem ganz einfachen Grund keine Schuld oder Scham über vergangene Ereignisse geben: Das würde voraussetzen, dass man etwas wusste und sich wider besseres Wissen destruktiv verhalten hat.

Der Sinn und Zweck dieser neuen Wissenschaft ist nicht, Sie in Schuldgefühle über die Vergangenheit, die Sie erschaffen haben, zu stürzen. Wie Sie jetzt wissen, würde das ohnehin nur noch mehr Schuld in Ihr Leben ziehen! Ich präsentiere diese Informationen, damit Sie erkennen, wie machtvoll Sie eigentlich sind. Wissen ist Macht, und dieses Wissen ermächtigt Sie von nun an, das Leben und die Beziehungen zu erschaffen, die Sie wünschen. Von nun an können Sie das pulsierende, energetische Universum annehmen und genießen, von dem Richard Conn Henry, Physiker an der Johns Hopkins University, sagt: »Das Universum ist nicht materiell – es ist mental und spirituell. Leben Sie und genießen Sie.«[10]

Leben und genießen Sie die Tatsache, dass Sie ein Schöpfer Ihres Lebens sind und kein Opfer! Sie können die Art von Beziehungen haben, die Sie sich wünschen, indem Sie Ihr Gehirn wie eine Stimmgabel verwenden, die mit dem schwingt, was Sie erschaffen wollen, und indem Sie *nicht* an das denken, was Sie *nicht* in Ihr Leben bringen wollen. Sie manifestieren Ihr Leben. Sie haben die Freiheit, das zu erschaffen, was Sie erschaffen wollen.

Genießen Sie die Tatsache, dass Sie ein Schöpfer Ihres Lebens sind und kein Opfer!

Bevor ich zum nächsten Kapitel über die Biochemie der Liebe komme, möchte ich noch eine Frage zu guten Schwingungen ansprechen, die einigen Lesern bestimmt schon in den Sinn gekommen ist. Manche meinen, »gute Schwingungen« hätten eher mit Sex zu tun als mit einer »Happy End ohne Ende«-Art von Liebe. Für Organismen, die auf der evolutionären Leiter weiter unten stehen, mag das zutreffen, aber nicht für uns Menschen.

Ich wäre der Letzte, der behaupten würde, Sex sei schlecht. Sex ist gut, sogar toll, und nicht nur um das Überleben der Art zu sichern. Doch bei »Happy End ohne Ende« ist der Sex nicht um seiner selbst willen wichtig. Das Ziel ist Sex mit der Person, mit der Sie eine echte Partnerschaft leben möchten. Als am weitesten entwickelte Tiere der Evolution sind wir zu mehr fähig als nur dazu, auf unsere Gene und Hormone zu reagieren. Wenn man sich von Bett zu Bett schläft, hin und her pendelnd zwischen Sex und Verlassenheit (ich bin durch diese Phase durchgegangen), wird Sex zu einer Art Gymnastikstunde mit vielen Liegestützen. Den meisten von uns fehlt dabei etwas.

Bei »Happy End ohne Ende« ist der Sex nicht um seiner selbst willen wichtig. Das Ziel ist Sex mit der Person, mit der Sie eine echte Partnerschaft leben möchten.

Manche argumentieren, wir seien aufgrund unserer nahen Verwandtschaft mit den Tieren, die auf der evolutionären Leiter unter uns stehen, nicht für langfristige monogame Beziehungen geschaffen. In den Neunzigerjahren des vergangenen Jahrhunderts, als der genetische Fingerabdruck Verbreitung fand, stellten Biologen fest, dass sozial monogame Paare nicht unbedingt auch sexuell monogam lebten. Die DNA-Analyse half, die Väter zu Unterhaltszahlungen zu verpflichten, und es zeigte sich, dass es eine Menge abwesender Väter gab: »Die Situation ist an den Punkt gekommen, wo es eine Nachricht wert ist, wenn man bei monogam lebenden Arten tatsächlich monogam lebende Paare findet …«, schreiben David P. Barash und Judith Eve Lipton in »The Myth of Monogamy«.[11]

Im Jahr 1847 erschien diese Romeo-und-Julia-Gazellen-Liebesgeschichte im »Scientific American«:

»Ein merkwürdiges Ereignis tierischer Zuneigung, die leider tödlich endete, wurde letzte Woche in der Landresidenz von Baron Gauci auf Malta beobachtet. Eine weibliche Gazelle war plötzlich verstorben, weil sie etwas Falsches gefressen hatte. Der Gazellenbock stand über dem toten Körper seines Weibchens und bedrohte jeden, der sich ihm nähern wollte. Plötzlich machte er einen Sprung gegen die Wand und fiel tot an die Seite seiner Gefährtin.«

2011 wurde diese Geschichte von 1847 noch einmal im Blog des »Scientific American« angesprochen: So nett die Geschichte auch sei, hieß es dort, sei es doch erheblich wahrscheinlicher, dass der Bock an demselben Gift verstorben sei wie das Weibchen oder dass er vor Menschen in seiner Nähe erschrocken und unglücklich gegen die Wand gesprungen sei.[12]

Die kalte klinische Wahrheit ist, dass Gazellenböcke nicht dazu neigen, um der Liebe ihres Lebens willen in den Tod zu gehen. In der Brunftzeit markieren die Gazellenböcke ihr Revier und paaren sich dann mit jedem Weibchen, das sich in dieses Revier begibt. Sie achten nur darauf, nicht ins Revier ihres Nachbarn zu geraten.

Doch egal bei wie vielen Tieren die Monogamie auf der Strecke bleibt (zurzeit halten noch der Rabengeier, der Kokardenspecht und die Kalifornische Maus tapfer die Stellung), meine ich doch, dass wir uns von ihnen durch den großen evolutionären Sprung, zu dem uns unsere Gehirne befähigten, unterscheiden.

Zugegebenermaßen, zuweilen verhalten sich Menschen überhaupt nicht so, als stünden sie am oberen Ende der evolutionären Leiter. Ich brauche mir nur Ereignisse meines eigenen Lebens anzuschauen, in denen ich weniger Verstand als eine Gazelle bewies.

Als ich in der Karibik durch meine Phase der »dringenden Suche« nach jemandem ging, lud ich ein Paar in mein Haus ein, deren Beziehung sich als absolut dysfunktional erwies. Hätte ich Fotos gemacht, dann hätte ich damit alle Kelche W, X und Z schmücken können. Die beiden stritten sich ständig und schrien sich derart an, dass allein dies hätte reichen sollen, jegliche Verschränkung mit ihnen zu meiden. Doch als ihre Beziehung nach bittersten Streitigkeiten schließlich vorbei war, fragte mich die Frau nichtsdestotrotz, ob ich mit ihr schlafen wollte. Ich ignorierte alle meine Antennen, redete mich damit heraus, dass ich schließlich keine glückliche Paarbeziehung zerstörte, und antwortete: »Warum nicht?«

Ich kann Ihnen sagen, warum nicht! Ich verwickelte mich mit dieser Frau in einen Bilderbuch-Fall von destruktiver Interferenz. Als ihr früherer Partner die Insel verlassen hatte, blieb ich als Einziger übrig, mit dem sie sich streiten konnte. Leider war ich die falsche Adresse für sie: Ich bin ein friedlicher, eher konfliktvermeidender Mensch. Das machte sie verrückt, denn sie wollte keine bessere Beziehung, sie wollte eine Beziehung, in der es viel Streit gab.

Mich erfüllte tiefstes Bedauern. Meine Angst vor Konflikten beschränkte meine Optionen, und ich hatte keine Ahnung, wie ich die Frau loswerden sollte. Ich lebte auf einer Insel. Wo sollte sie hin? Die kleine Insel Grenada schien mir immer kleiner zu werden – ich wurde zum Gefangenen in meinem eigenen Haus. Paul Simon konnte seine »50 Ways to Leave Your Lover« wahrscheinlich nur schreiben, weil er in der Metropole New York lebte, wo es viel leichter ist, sich im wahrsten Sinn des Wortes aus der Affäre zu ziehen. Ich entdeckte einen einundfünfzigsten Weg: Ich kaufte uns beiden ein Ticket nach New York, aber nur mir eine Rückfahrkarte.

Die Moral von der Geschichte ist: »Sei dir bewusst, nach was dich gelüstet!« Ich hatte mich unbewusst dafür entschieden, mich von meinen Hormonen steuern zu lassen; ich hätte mich anders entscheiden können. Wären Menschen nur biologische Maschinen, würde uns die Lust ungehemmt umtreiben (wie sie es eine Weile mit mir getan hat). Kommt jedoch Bewusstheit dazu, werden Sie zum Maschinenführer. Dann sind Sie nicht mehr berechenbar. Selbst Astrologen geben zu, dass Astrologie auf bewusste

Menschen weniger zutrifft als auf unbewusste, weil Erstere sich weniger vorhersehbar verhalten. Statt automatisch auf das Energiefeld um uns herum zu reagieren, zu dem auch die Bewegungen der Planeten gehören, haben wir Einfluss auf unsere Schwingungen und unsere Reaktion auf Schwingungen.

Astrologie trifft auf bewusste Menschen weniger zu als auf unbewusste, weil Erstere sich weniger vorhersehbar verhalten.

Also ist es Zeit, sich nicht mehr zu sagen: »Ich lande immer bei Kerlen, die sich nicht festlegen wollen«, oder: »Ich lande immer bei einer Frau, die mich verlässt.« Wir erschaffen unser Leben durch unsere Überzeugungen, und wir strahlen diese Überzeugungen in unser energetisches Umfeld aus. Wir erzeugen unsere Beziehungen. Dieses Wissen schenkt uns die Freiheit, genau die Beziehungen zu erschaffen, die wir uns wünschen!

Vielleicht fragen Sie sich jetzt im Stillen, warum dann mein positives Denken über meinen Raubtier-Nachbarn nichts genützt hat. Zu jener Zeit fing ich gerade erst an, mein Gehirn als Stimmgabel zu verwenden, und ich musste noch viel lernen. Wie in der Einleitung erwähnt, ist das Erschaffen einer Wunschbeziehung etwas komplexer; es braucht mehr als lediglich positives Denken. Ich hatte damals noch nicht die Macht des Unterbewussten begriffen, das selbst die besten Absichten und die positivsten Gedanken unterwandern kann.

Wir strahlen unsere Überzeugungen in unser energetisches Umfeld aus. Wir erzeugen unsere Beziehungen.

Heute weiß ich viel besser, wie ich das, was ich will, in mein Leben holen kann. Ich weiß nun, was es heißt, schlechte Schwingungen nicht zu ignorieren, und ich habe endlich eine anhaltend glückliche Beziehung geschaffen. Trotz der Schlagzeilen über spektakulär dysfunktionale Ehen von Berühmtheiten, trotz zahlreicher Beispiele von Menschen, die sich in ihrem Verhalten von ihren Hormonen und Genen steuern lassen, ist es möglich, eine höhere Ebene von Liebe zu erschaffen.

Indem Sie die Macht der guten Schwingungen anerkennen und Ihre Gedanken auf Bilder wie Kelch Y lenken, sind Sie auf einem guten Weg, ein »Happy End ohne Ende« in Ihrem Leben zu erschaffen.

3.

Liebesdrogen

1 Prise Rosmarin
2 Teelöffel Schwarztee
3 Prisen Thymian
3 Prisen Muskat
3 frische Minzeblätter
6 frische Rosenblätter
6 Zitronenblätter
3 Tassen reines Quellwasser

Alle Zutaten in einen irdenen oder kupfernen Topf geben und bei zunehmendem Mond zubereiten.

Rezept für einen druidischen Liebestrank

Aus Sicht der Biochemie geht es in der Liebe um Zaubertränke, aber bei allem Respekt für die Druiden dreht es sich im Wesentlichen nicht um Rosmarin oder Muskat und auch nicht um Austern, Spatzeneier, Blattschneiderameisen oder irgendeines der anderen Aphrodisiaka, die im Lauf der Menschheitsgeschichte beworben wurden. Die Zaubertränke, von denen ich rede, sind viel raffiniertere, ganz genau dosierte neurochemische und hormonelle Cocktails, die durch unsere Adern fließen, wenn wir uns verlieben und entlieben.

Ja, ich behaupte, dass der Honeymoon-Effekt auf einer gewissen Ebene eine Art chemische Sucht ist. Deshalb fühlen wir uns so schnell elend, wenn er endet. Achten Sie also darauf, ob das Objekt Ihrer Begierde vielleicht schon abgeschaltet hat, während Sie noch in Ihrem biochemischen Liebesrausch baden. Sie könnten wie ich damals in einen Entzugsprozess geraten – in einem leeren Haus sitzend und über ihre verlorene Liebe klagend.

Der Honeymoon-Effekt ist auf einer gewissen Ebene eine Art chemische Sucht.

Dieses Kapitel handelt von den chemischen Stoffen und Hormonen, deren Wirkungsweisen zu einem Verständnis der Angstzustände, des Appetitverlusts und der Euphorie beitragen, die mit menschlicher Liebe so oft einhergehen. Diese chemischen Liebeszauber regen uns an, Sexualpartner zu finden, uns auf einen bestimmten Partner festzulegen und eine Bindung einzugehen, die lange genug anhält, um die hilflosesten Neugeborenen des gesamten Tierreichs zumindest durch die Kindheit zu bringen. Natürlich funktioniert es nicht immer so, weil es schließlich um Menschen geht und nicht um mathematische Gleichungen. Schon Shakespeares berühmter Puck rief über die verliebten Menschen aus: »Welch' Narren sind die Sterblichen!«

Bevor ich jedoch zur Biochemie der Liebe komme, möchte ich betonen, dass wir trotz Pucks niedriger Meinung über die verrückten verliebten Sterblichen keine Sklaven unserer neurochemischen Stoffe und Hormone zu sein brauchen! Wir sind »Selbstbiologen«, wir sind die Produzenten unseres Liebesrausches. Unsere Gedanken erzeugen die Liebesdrogen, die die Zellen und das Gewebe unseres Körpers beeinflussen. Ja, es ist die berüchtigte Körper-Geist-Verbindung, die von der konventionellen Wissenschaft bis vor Kurzem noch geleugnet, ignoriert oder vernachlässigt wurde.

Vereinfachung der Körper-Geist-Verbindung

1967 begann ich mit meinen ersten Experimenten zum Klonen von Stammzellen. Mit Hilfe eines Mikroskops betrachtete ich die verschiedenen Zelltypen in einer Petrischale, um die spindelförmigen Stammzellen zu finden. Ich legte dann einen kleinen Glasring um die ausgewählte Zelle und trennte sie damit von den anderen Zellen. Mit Hilfe von Enzymen konnte ich diese Zelle dann in eine eigene Kulturschale transferieren.

Ähnlich wie Fische leben Zellen in wässriger Umgebung; eine Zellkultur lässt sich daher mit einer Art Aquarium vergleichen. Wir halten die Zellen in einem Zellkulturmedium, einer chemischen Lösung, die das Wachstum und die Lebensfähigkeit der Zellen gewährleistet. Unsere Stammzellen genossen damals einen sehr potenten Cocktail aus Salzen und Nährstoffen, in dem sie sich gut vermehren konnten. Die eine Stammzelle, die ich in die Kulturschale gelegt hatte, teilte sich darin ungefähr alle zehn Stunden. Aus einer Zelle wurden also zwei, dann vier Zellen, und nach einer Woche befanden sich über 50.000 Zellen in der Schale. Da alle Zellen aus derselben Zelle stammten, waren sie genetisch identisch.

Dann kam der wirklich verblüffende Teil des Experiments: Ich teilte die Zellpopulation und tat sie in drei verschiedene Schalen mit jeweils einer anderen »Umgebung«, einer anderen Mischung von biochemischen Stoffen (siehe Abbildung S. 61). Daraufhin bildeten die Zellen in der einen Schale Muskelzellen, in der zweiten Knochenzellen und in der dritten Fettzellen.[1a,b]

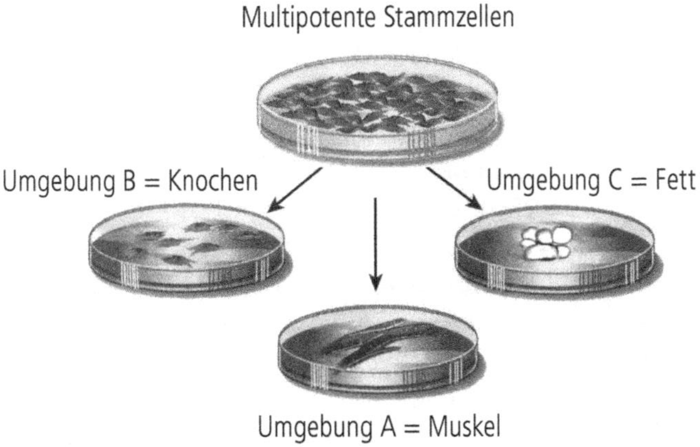

Das Experiment beantwortete die wichtige Frage: »Was bestimmt das Schicksal einer Zelle?« Alle Zellen waren zu Anfang genetisch identisch gewesen, also bestimmten nicht die Gene, was aus den Zellen wurde! Ja, es war das Umfeld, das Kulturmedium, was die Expression der Zellen bestimmte. Das Schicksal und die Gesundheit der Zellen beruhen auf ihrer Umgebung. In »Intelligente Zellen« habe ich dieses Prinzip in Anlehnung an James Carvilles Spruch anlässlich der Präsidentschaftskampagne von Bill Clinton überschrieben mit: »Auf die Umwelt kommt's an!«

> Das Schicksal und die Gesundheit der Zellen hängen nicht von den Genen ab, sondern von der Umgebung der Zellen.

Mein Mentor Irv Konigsberg, einer der ersten Zellbiologen, der die Kunst des Stammzellenklonens beherrschte, hatte mich ganz am Anfang meiner Berufslaufbahn schon auf diesen Punkt hingewiesen. Er riet mir, wann immer es den Zellen in meinen Kulturen nicht gut zu gehen schien, als Erstes im Umfeld der Zelle nach den Ursachen zu suchen und weniger in der Zelle selbst, denn: Ein gesundes Umfeld führt zu gesunden Zellen; ein krankes Umfeld führt zu kranken Zellen. Alle meine Experimente bestätigten diese Bedeutung des Umfelds.

Genau auf dieser Erkenntnis beruht das inzwischen boomende Feld der Epigenetik, in dem eine Studie nach der anderen dokumentiert, welchen Einfluss das Umfeld auf die Gene hat. Endlich hat auch die allgemeine Öffentlichkeit erkannt, dass das Schicksal der Zellen nicht von den Genen abhängt.

Was haben diese Studien mit uns zu tun? Wenn Sie in den Spiegel schauen, sehen Sie einen einzelnen menschlichen Organismus – nämlich Sie –, der Sie anschaut. Doch wie bereits im ersten Kapitel erwähnt, ist dies eine Täuschung. Wir sind keine einzelnen Organismen; wir bestehen aus etwa 50 Billionen Zellen! Genau genommen ist ein Mensch eine Gemeinschaft lebendiger Organismen, eben unserer Zellen, man könnte auch sagen: eine mit Haut überzogene Kulturschale mit 50 Billionen Zellen. Unser Blut ist das Kulturmedium, das in unserer Kulturschale die Zellen bestimmt.

Es ergibt für die einzelne Zelle tatsächlich keinen Unterschied, ob sie sich in einer Kulturschale aus Plastik oder aus Haut befindet. Ihr Leben wird einzig und allein durch ihr Kulturmedium bestimmt.

Als Zellbiologe war ich dafür verantwortlich, die Chemie meiner Zellkulturen zu überwachen. Als »Selbst-Biologen« wie in dem unten abgebildeten Cartoon sind wir für die Chemie unseres eigenen Kulturmediums verantwortlich, das wir durch unsere Ernährung und unsere Gedanken bestimmen.

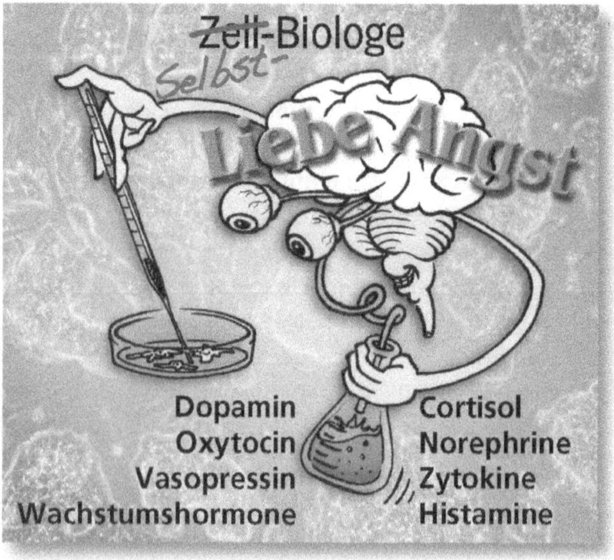

Nimmt unser Verstand die Erfahrung der Liebe wahr, schüttet das Gehirn neurochemische Stoffe wie Dopamin, Oxytocin und Wachstumshormone aus (mehr dazu später). Werden diese chemischen Stoffe einer Zellkultur in einer Plastikschale zugegeben, reagieren die Zellen mit robuster Vitalität und gesundem Wachstum. Dasselbe gilt für die Zellen in der hautüberzogenen Kulturschale: Wenn wir lieben, fühlen wir uns im Allgemeinen gesünder und lebendiger.

Doch wenn dasselbe Gehirn in demselben Körper eine bedrohliche Welt wahrnimmt, schüttet es keine Biochemikalien der Liebe aus. Angst verursacht vielmehr die Freisetzung von Stresshormonen und entzündungsfördernden Stoffen wie Zytokinen. Wenn diese einer Zellkultur in einer Plastikschale beigegeben werden, wachsen die Zellen nicht weiter, und viele Zellen sterben ab. Die Chemie des Stresses behindert das Wachstum und die allgemeine Versorgung der Zellen, weil sie die Energie des Körpers auf Schutzmechanismen konzentriert. Deshalb ist Stress die Hauptursache für Krankheiten und für 90 Prozent aller Arztbesuche.[2]

Die Chemie des Stresses behindert das Wachstum und die allgemeine Versorgung der Zellen.

Stresshormone haben vielfältige Rollen inne; ihre Wirkung hängt von der Art von Stress ab, die das Individuum erfährt. Es gibt grundsätzlich zwei Arten von Stress, die unterschiedliche biochemische Konsequenzen haben: Distress und Eustress.

Distress entsteht, wenn wir meinen, unser Überleben sei gefährdet. Dann werden Stresshormone wie Cortisol und Adrenalin ausgeschüttet, unser Fokus wendet sich von Wachstum zu Schutz – was unser Leben sichern kann, wenn wir einer akuten Bedrohung (z.B. durch einen Berglöwen) ausgesetzt sind. Es wirkt jedoch zerstörerisch, wenn die Situation chronisch ist (z.B. jeden Tag im Stau zu stehen oder ungern zu einer Arbeit zu gehen).

Eustress hingegen bedeutet wörtlich »guter Stress«. Er tritt auf, indem wir unser System mit nicht bedrohlichem Verhalten unter Stress setzen, beispielsweise durch Aktivitäten wie Sport, das Verfassen eines Buches oder eine leidenschaftliche Liebe! Wie sich in wissenschaftlichen Untersuchungen gezeigt hat, wird das Stresshormon Cortisol nicht nur ausgeschüttet, wenn wir vor einer Lawine flüchten, sondern auch, sobald wir uns im seligen Liebestaumel befinden. 2004 stellten Forscher der Universität von Pisa fest, dass der Cortisolspiegel bei Testpersonen, die sich kürzlich verliebt hatten, deutlich höher war als bei solchen, die nicht verliebt waren.[3] 2009 fanden Wissenschaftler der Universität von Texas bei Frauen, die an ihren Liebespartner dachten, steigende Cortisolwerte. Dieser Anstieg war »besonders deutlich und relativ anhaltend« bei jenen Personen, die die meiste Zeit an ihren Partner dachten.[4]

> Ihr Geist bestimmt die Biochemie in Ihrem Blut, was wiederum Ihre Biologie und Genetik beeinflusst.

Ob Sie nun verliebt sind oder vor einer Gefahr flüchten – Ihr Geist bestimmt die Biochemie in Ihrem Blut, was wiederum Ihre Biologie und Genetik beeinflusst. Der Geist *interpretiert* Ihre Wahrnehmung der Welt, und Ihr Gehirn produziert die Biochemie, die zu diesen Wahrnehmungen passt.

Abbildung S. 65:
Das ABC der Biologie von Geist und Körper: Alle lebenden Organismen nehmen aus ihrer Umwelt Informationen auf und reagieren darauf.
A. Im Prozess der Wahrnehmung registriert unser Gehirn Umweltsignale, die durch die Rezeptoren unseres Nervensystems (Augen, Ohren, Nase, Geschmack, Temperatur, Schmerz etc.) aufgenommen wurden.
B. Der Geist prüft die eingehenden Signale auf der Grundlage unserer Instinkte und Lebenserfahrungen und interpretiert sie, indem er ihre Bedeutung für unser Überleben beurteilt.
C. Diese Interpretation der eingehenden Signale veranlasst das Gehirn, neurochemische Stoffe auszuschütten, die im Körper positives Wachstum, lebenserhaltendes Schutzverhalten oder eine neutrale Haltung auslösen. Diese ins Blut ausgeschütteten neurochemischen Stoffe regulieren das Zellverhalten und – über die Epigenetik – die Genaktivität.

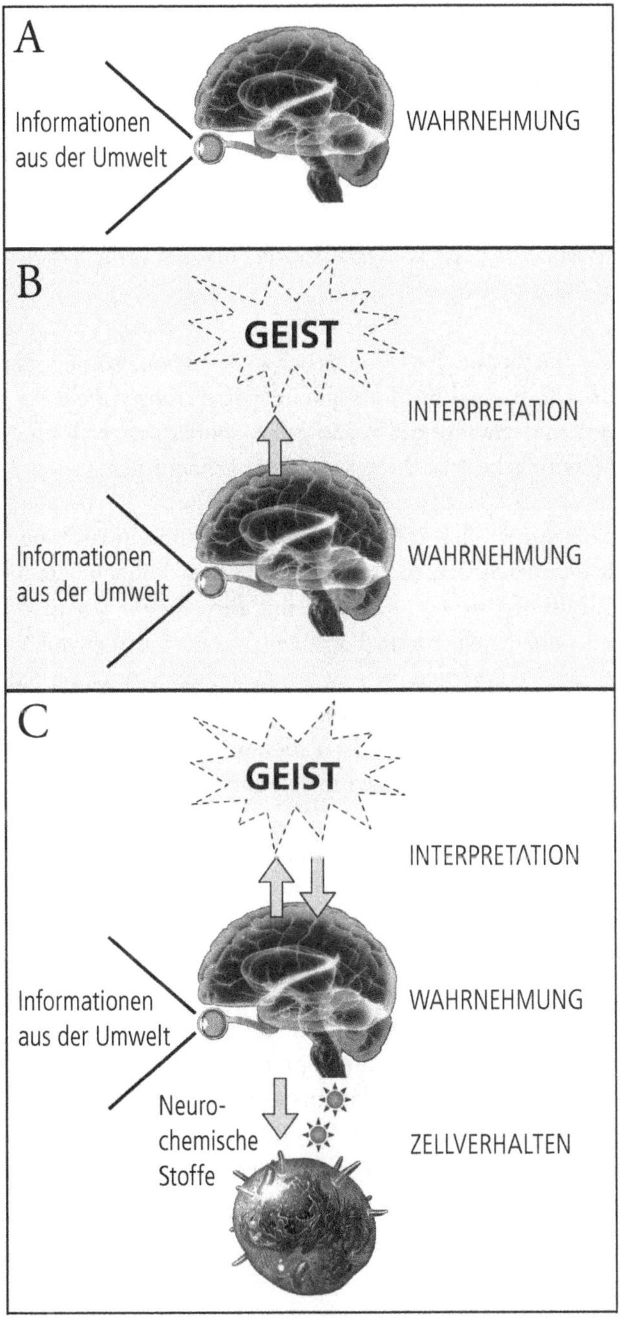
A
Informationen aus der Umwelt
WAHRNEHMUNG
B
GEIST
INTERPRETATION
Informationen aus der Umwelt
WAHRNEHMUNG
C
GEIST
INTERPRETATION
Informationen aus der Umwelt
WAHRNEHMUNG
Neuro-chemische Stoffe
ZELLVERHALTEN

Hier ist ein Beispiel: Ich liebe Jalapeno-Pepperonis – sehr scharfes Essen aktiviert meine Geschmacksknospen auf eine mir angenehme Weise. Doch wenn manche Leute sehen, was ich mir einverleibe, fragen sie entsetzt: »Wie kannst du *das* essen?« Wir haben beide dieselbe Wahrnehmung, nämlich dass diese Nahrung scharf ist, aber wir interpretieren die Wahrnehmung unterschiedlich. Meine Biochemie ist von Jalapeno-Pepperonis völlig begeistert – Ihre vielleicht weniger.

Um die Biochemie der Liebe besser zu verstehen, können Sie sich Ihr Gehirn diesmal nicht als eine mit dem riesigen Feld des Universums mitschwingende Stimmgabel, sondern eher als eine gute alte Newton'sche Maschine vorstellen, genauer gesagt eine Farbmischmaschine (Gehirne sind äußerst vielseitig – *eine* Analogie reicht da nicht). Ich meine diese Art Farbmischmaschinen, die genau den gewünschten Farbton anmischen können. Da gibt es einen Zylinder, in dem Flaschen mit allen möglichen Farbtönen stecken, aus denen exakte Portionen in einen Eimer mit weißer Farbe gedrückt werden, was zu genau dem gewünschten Farbton führt. Das ergibt dann nicht einfach nur rote, grüne und blaue Farbe, sondern Hunderte von Variationen jeder Farbe, so wie es das ganze Regenbogenspektrum von Farbwünschen gibt, mit dem die Kunden ankommen.

In unserer Analogie vergleichen wir das Gehirn mit solch einer Farbmischmaschine. Statt verschiedener Farbtöne verfügt das Gehirn über eine ganze Bandbreite von neurochemischen Stoffen und Hormonen, die in der Biochemie der Liebe mitspielen. In der ersten Leidenschaft bestellt unser Gehirn »leidenschaftliches Rot«, indem es reichlich Testosteron ins Blut ausschüttet. Wenn das gut ging, bittet das Gehirn um »verliebtes Rosa« mit viel Dopamin, das uns anregt, nach mehr lustvollem Genuss mit dem Objekt unserer Begierde zu streben. Sind wir dann überzeugt, »den Richtigen« oder »die Richtige« gefunden zu haben, verlangt unser Gehirn nach »Liebe-meines-Lebens-Lavendelblau«, einer Mischung aus den Bindungsboostern Vasopressin, Oxytocin und Serotonin, was bedeutet, dass wir uns immer mehr auf diese eine Person fixieren. Und wenn daraus dann der Scheidungsrate zum Trotz eine »Happy End ohne Ende«-Beziehung wird, mischt unser Gehirn ein »Immer-noch-verrückt-vor-Liebe-Blau« mit einer großen Dosis des Schmusestoffs Oxytocin an.

Ich vermute, Sie verstehen, was ich meine. Unser Gehirn verfügt über eine Reihe von Zutaten, neurochemischen »Farbtönen«, die es in verschiedenen Proportionen zusammenmischen kann, um uns dazu zu bringen, uns erst zu paaren, dann zu Partnern zu werden und dadurch hilflosen Menschensäuglingen eine bessere Überlebenschance zu geben.

Über diese machtvollen Liebesdrogen bleibt noch viel zu erforschen, aber über ein paar Bestandteile wissen wir schon einiges.

Östrogen und Testosteron: Paarung

Vögel, Bienen und die meisten anderen Lebewesen verlieben sich nicht. Sie paaren sich. Nehmen wir nur die Seesterne: Die weiblichen Seesterne legen ihre Eier ins Wasser, und die männlichen spritzen ihr Sperma in dasselbe Wasser. Beides kommt zusammen und erzeugt eine neue Generation Seesterne. Unter ziemlich wenig Verschränkung!

Von der Lust getriebene, sich paarende Menschen brauchen schon mehr Verschränkung, aber auch keine langfristige Partnerschaft. Wenn es nur um Lust geht, spielen die Sexualhormone Testosteron – das dafür berüchtigt ist, Alphamännchen mehr zum Sex und weniger zur emotionalen Bindung zu stimulieren – und Östrogen – das besonders für seinen Beitrag zur weiblichen Fruchtbarkeit bekannt ist – die Hauptrollen.[5]

Testosteron wird zwar hauptsächlich mit Männern und Östrogen mit Frauen in Verbindung gebracht, doch beide Hormone spielen bei beiden Geschlechtern mit. Ein Mann produziert ungefähr zehnmal mehr Testosteron als eine Frau, und Männer mit sehr hohem Testosteronspiegel sind tatsächlich nicht besonders für langfristige Partnerschaften geeignet; sie lassen sich öfter scheiden, betrügen ihre Frauen öfter und haben mehr Affären als Männer mit weniger astronomischen Werten.[6] Doch Testosteron steuert bei beiden Geschlechtern das sexuelle Verlangen.[7]

Der Östrogenspiegel ist hoch, wenn Frauen fruchtbar sind. Männer produzieren nur einen Bruchteil der Östrogenmenge wie Frauen. Wissenschaftler haben jedoch herausgefunden, dass Östrogen auch in der männlichen Sexualität eine Rolle spielt und bei der Ausreifung der Samenzellen mitwirkt.[8]

Als mein Lieblingsbeispiel für die komplexe Bedeutung von Östrogen und Testosteron dient der Zebrafink. An einem bestimmten Punkt seiner embryonalen Entwicklung produziert der männliche Zebrafink Östrogen, was sich dann im Gehirn in ein testosteronähnliches Hormon verwandelt, welches das Männchen zum Gesang befähigt. Zebrafinkenmännchen fangen in der Pubertät an zu singen. Forscher vermuten, dass dieser Gesang ähnlich auf die Zebrafinkenweibchen wirkt, wie sich auch Menschenweibchen betören lassen, wenn ein altmodischer Galan vor ihrem Balkon ein Ständchen bringt.[9]

Östrogen und Testosteron bewirken, dass wir die ersten Schritte zur Erhaltung unserer Art unternehmen.

Die Bedeutung von Östrogen und Testosteron in den männlichen und weiblichen Fortpflanzungssystemen ist mit Sicherheit sehr viel komplexer, als man noch vor nicht allzu langer Zeit angenommen hatte, aber ganz ohne Zweifel bewirken beide, dass wir die ersten Schritte zur Erhaltung unserer Art unternehmen.

Dopamin: Glücksgefühle & Begierde

Testosteron und Östrogen mögen uns sexuell aktiv werden lassen, aber wir Menschen würden uns niemals oft und gern genug paaren, um unsere Art zu erhalten, wenn es nicht auch lustvoll wäre. Damit betritt der Neurotransmitter Dopamin die Bühne; er bringt uns dazu, angenehme Erfahrungen zu wiederholen. Ist unser

Dopaminspiegel hoch, sind wir gut drauf – wir verkriechen uns nicht zu Hause unter der Decke, sondern sind motiviert, hinauszugehen und uns zu vergnügen.[10] In Anbetracht seines Effekts beim Fortpflanzungstrieb überrascht es nicht, dass Dopamin aus evolutionärer Sicht ein ziemlich altes Molekül ist. In evolutionär simplen Organismen wie mikroskopisch kleinen Spulwürmern spielt Dopamin fast genau die gleiche Rolle wie bei uns Menschen. Forscher der Universität von Texas verwendeten genetisch modifizierte, dopamindefiziente Würmer, um Medikamente zur Behandlung von Parkinson zu entwickeln. Parkinson zeichnet sich durch einen Verlust der Dopamin-produzierenden Zellen im Gehirn aus.[11]

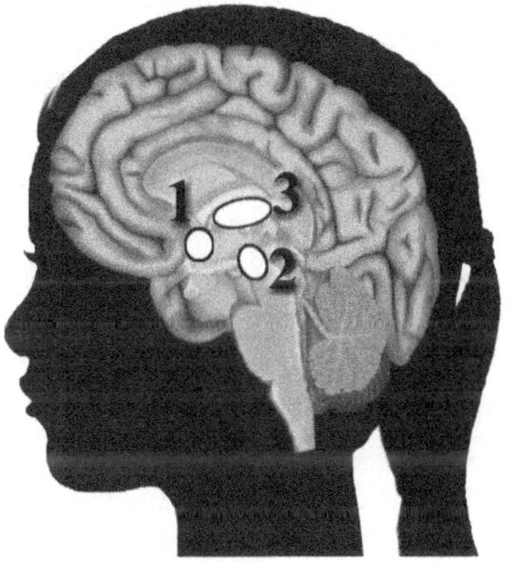

Tief in der Mitte unseres Gehirns bewirken bestimmte Steuerungszentren in Reaktion auf Lustgefühle und Schmerz unser Wachstums- und Schutzverhalten.
Zu den primären Zentren gehören: 1. der Nukleus accumbens, 2. das ventrale Tegmentum, 3. das Pallidum ventrale.

Dopamin wird tief im Gehirn im ventralen Tegmentum hergestellt und im Vorderhirn im Nukleus accumbens freigesetzt. Dies sind die wichtigsten Bereiche des »Belohnungs-Kreislaufs« im Gehirn, und jeder, der schon einmal mit Sucht zu tun hatte, weiß, dass dieser Kreislauf auch eine dunkle Seite hat. Er wird von jeglicher Art angenehmer, potenziell suchterzeugender Substanz/Aktivität angeregt – von Kokain über Heroin, Sex, Spielen und Shopping bis zu kalorienreichem Essen –, und zu viel Stimulation kann zu verzweifelter Begierde und riskantem, zwanghaftem Verhalten des Abhängigen führen.[12]

Die sirenenartige Anziehungskraft des Dopamins wurde seit den Fünfzigerjahren immer wieder nachgewiesen. Ratten und Affen, in deren Gehirnen Elektroden so eingepflanzt wurden, dass sie die Dopamin-Ausschüttung beeinflussen, drücken unablässig einen Hebel, der diesen Belohnungskreislauf aktiviert – bis zu zweitausend Mal pro Stunde. Ratten ist diese Stimulation wichtiger als Nahrung oder Wasser. Rattenweibchen lassen ihre Neugeborenen im Stich, um den Hebel zu betätigen, ähnlich wie heroinabhängige Mütter ihre Kinder vernachlässigen, um an die Droge zu kommen. Die wenigen Studien an Menschen zeigen dasselbe Phänomen: Wenn sie können, machen sich auch Menschen zu Sklaven der Dopamin-Kicks und vernachlässigen darüber ihre Beziehungen und ihre Hygiene.[13]

> Im Zustand der Verliebtheit wird der Belohnungskreislauf des Gehirns aktiviert. Es sind genau dieselben Bereiche, die zu einem Suchtverhalten führen, bei dem der durch die Dopamin-Ausschüttung ausgelöste Glücksmoment wichtiger ist als alles andere im Leben.

Was hat das mit dem Honeymoon-Effekt zu tun? Eine Reihe von Studien hat in letzter Zeit festgestellt, dass im Zustand der Verliebtheit der Belohnungskreislauf des Gehirns aktiviert wird. Es sind genau dieselben Bereiche, die bei Ratten, Affen und ein paar Menschen im Labor zu einem Suchtverhalten führten, bei dem der durch die Dopamin-Ausschüttung im Gehirn ausgelöste Glücksmoment wichtiger war als alles andere im Leben.

Im Jahr 2000 untersuchten Andreas Bartels und Semir Zeki vom University College in London die Gehirne von siebzehn höchst verliebten Studenten, während diese ein Foto des geliebten Menschen betrachteten. Der dopaminreiche Belohnungskreislauf ihrer Gehirne leuchtete auf, wenn sie das Foto der geliebten Person betrachteten, und blieb dunkel, wenn sie das Foto eines Freundes anschauten. Bartels und Zeki schlussfolgerten: »Es überrascht vielleicht, dass ein so komplexes und überwältigendes Gefühl [Liebe] nur Aktivität in solch begrenzten Regionen des Gehirns auslöst, und es ist faszinierend, darüber nachzudenken, dass das Gesicht [der Helena], das tausend Schiffe in See stechen ließ, dies nur über einen so kleinen Bereich des Cortex bewirkte.«[14]

Wissenschaftler mögen sich darüber wundern, dass heftige Verliebtheit dieselben Hirnregionen aktiviert wie das Schnupfen von Kokain. Doch wer je neben dem Telefon auf den Anruf gewartet hat, wer je seinen Job aufgab, um seinem Liebsten zu folgen, oder niedergeschlagen und verzweifelt im Sessel hing, nachdem er verlassen wurde, wundert sich nicht darüber. Für alle, die sich Hals über Kopf verlieben, kann sich die Liebe wie eine Achterbahn anfühlen, und es ist nur ein schmaler Grat zwischen »Das ist das Beste, was mir je passiert ist« und »Das ist das Schrecklichste, was mir je widerfahren ist«.

Angesichts der Vielzahl von Scheidungen und Trennungen verwundert es nicht, dass man dieser intensiven Achterbahnfahrt bei den meisten Paaren höchstens ein bis zwei Jahre gibt. Das bedeutet jedoch nicht, dass der Honeymoon-Effekt nicht länger anhalten kann. Als Wissenschaftler die Gehirne von siebzehn Männern und Frauen untersuchten, die angaben, auch nach durchschnittlich 21 Jahren Ehe noch intensiv in ihre Partner verliebt zu sein, leuchteten die dopaminreichen Bereiche ihrer Gehirne genauso auf wie bei Männern und Frauen, die sich gerade in der ersten leidenschaftlichen Beziehungsphase befinden. In der Auswertung heißt es, diese Daten ließen vermuten, dass der Belohnungswert eines langfristigen Partners auf einem ähnlichen Niveau erhalten werden könne wie bei einer neuen Liebe.

Aber die Studie zeigte auch, dass in langfristigen romantischen Beziehungen »sehr viel mehr Gehirnregionen« involviert sind als bei frisch Verliebten, darunter auch Bereiche, die mit Bindung und mit der Modulation von Angst und Schmerz zu tun haben. Langfristige Beziehungen scheinen also noch mehr zu bieten zu haben: »Die jetzigen Ergebnisse bestätigen Verhaltensbeobachtun-

Durch langfristige, feste Bindung entstehen die Glücksgefühle des Dopamins in Verbindung mit Ruhe – ein »Happy End ohne Ende«.

gen, denen zufolge ein wesentlicher Unterschied zwischen romantischer Liebe in ihrer frühen und ihrer späten Phase darin besteht, dass Letztere von mehr Ruhe geprägt ist«, folgerten die Forscher.[15] Die Glücksgefühle des Dopamins in Verbindung mit der Ruhe entstehen durch langfristige, feste Bindung. Klingt in meinen Ohren genau nach »Happy End ohne Ende«!

Vasopressin: Bindung und Aggression

Bei den meisten Arten neigen Männchen und Weibchen nicht zu dem, was die Biologen »Paarbildung« nennen, ganz zu schweigen von Beziehungen, die stark genug sind, die tausend Schiffe des Trojanischen Kriegs in See stechen zu lassen. Bei 97 Prozent der Säugetiere paart sich das Männchen mit dem Weibchen zur Paarungszeit und wandert dann weiter, um ein anderes Weibchen zu befruchten und mehr Nachkommen zu erzeugen; die Weibchen ziehen die Jungen alleine auf.

Um herauszufinden, was die übrigen drei Prozent bewegt, haben Forscher insbesondere die Präriewühlmaus untersucht, ein etwa hamstergroßes Nagetier des amerikanischen mittleren Westens. Im Gegensatz zu ihren promiskuitiven, relativ asozialen Verwandten, den Wiesenwühlmäusen, gehen Präriewühlmäuse lebenslange Paarbindungen ein, ziehen gemeinsam die Jungen groß und schützen aggressiv ihre Nester. Sofern sich die Gelegenheit bietet, gehen Männchen und Weibchen auch einmal sexuell fremd, aber die meisten kehren zu dem Partner zurück, mit dem sie eine lebenslange Bindung eingegangen sind. Die Feldforschung hat gezeigt, dass die Präriewühlmaus den Menschen in Bezug auf langfristige Paarbindung sogar überlegen ist. Dreiviertel der Präriewühlmauspärchen bleiben zusammen, bis einer von beiden stirbt, und selbst dann geht der Hinterbliebene oft keine neue Bindung ein.[16]

Wissenschaftler haben zwei einander nahe verwandte Neuropeptide ausfindig gemacht – Vasopressin und Oxytocin –, die im Hypothalamus synthetisiert und in der Hypophyse ausgeschüttet werden. Mit ihnen lässt sich erklären, wie Präriewühlmäuse so enge Bindungen eingehen. Man hat im Belohnungsbereich des Gehirns der männlichen und weiblichen Präriewühlmäuse für beide Moleküle Rezeptoren gefunden, also für denselben Bereich, der auch bei verliebten Menschen aktiviert wird. Beide chemischen Verbindungen können bei beiden Geschlechtern zur Festigung der Beziehung beitragen, doch die Studien haben sich bei den männlichen Wühlmäusen auf das Vasopressin und bei den weiblichen auf das Oxytocin konzentriert.[17]

Vasopressin tritt stärker bei männlichen Vertretern der Arten auf als bei weiblichen; deshalb haben die Forscher bei der Untersuchung des Vasopressins ihren Fokus auf die Männchen gelegt. Vasopressin bewirkt bei Tieren ein typisch männliches Verhalten wie Reviermarkierung und Aggression. Hamster beispielsweise fangen unmittelbar nach einer Vasopressin-Injektion an, ihr Revier mit Duftstoffen zu markieren. Wenn der Präriewühlmäuserich ejakuliert, ist sein Vasopressinspiegel ungeheuer hoch; gleichzeitig wird er zu einem zugewandten Partner und Vater. Die Bindungswirkung des Vasopressins wird auch dadurch bestätigt, dass jungfräuliche Präriewühlmäuseriche nach einer Vasopressin-Injektion anfangen, ihr Revier und ihre Weibchen zu verteidigen. Das zeigt, dass Vasopressin nicht nur mit Bindung, sondern auch mit Aggression zusammenhängt.[18]

> Vasopressin tritt stärker bei männlichen Vertretern der Arten auf; bei Tieren bewirkt es Reviermarkierung, Aggression und Bindung.

Jetzt denken Sie vielleicht, der Verhaltensunterschied zwischen dem treuen Präriewühlmäuserich und dem bindungsunwilligen Wiesenwühlmäuserich komme durch unterschiedliche Mengen an Vasopressin zustande, aber dem ist nicht so. Der wesentliche Unterschied ist der Ort der Vasopressin-Rezeptoren. Bei der monogamen Präriewühlmaus befinden sich die Vasopressin-Rezeptoren hauptsächlich in einem der wichtigen Belohnungszentren des Gehirns, im Palladium ventrale, neben dem dopaminreichen Nukleus

accumbens. Das Palladium ventrale und der Nukleus accumbens haben mit Suchtverhalten zu tun.[19] Man hat dasselbe Phänomen in Primaten festgestellt: Monogame Seidenäffchen haben in den Belohnungszentren ihrer Gehirne mehr Vasopressin gebunden als die polygamen Rhesus-Makaken.[20]
Auf dieser Entdeckung aufbauend, verwandelten Forscher der Emory University promiskuitive Wiesenwühlmäuseriche in liebevolle Partner und Väter, indem sie Mutationen mit Vasopressin-Rezeptoren im Belohnungszentrum züchteten.[21] Und andere Forscher haben Labor-Präriewühlmäuseriche in bindungsunwillige Kerle verwandelt, indem sie in der lateralen Septumregion ihres Gehirns die Vasopressin-Rezeptoren blockierten.[22]

Zum Leidwesen aller Frauen mit allzu flirtwilligen Partnern ist menschliches Verhalten leider zu komplex, als dass es sich auf ähnliche Weise steuern ließe. Weil derartige Untersuchungen an Menschen so viel schwieriger sind, wäre es verfrüht, Behauptungen über eine Ähnlichkeit zwischen Männern und Präriewühlmäuserichen aufzustellen. Aber auch bei Männern wird beim Sex Vasopressin ausgeschüttet – ein weiterer Beleg dafür, dass die Belohnungszentren des Gehirns bei Liebesbindungen zwischen Menschen ebenso betroffen sind wie bei Präriewühlmäusen. Immer mehr Wissenschaftler meinen, wir könnten von den monogamen Präriewühlmäusen viel lernen, und halten zumindest bei Männern Vasopressin für einen wesentlichen Bestandteil der Liebesdroge, die zu zwischenmenschlichen Bindungen führt.

Oxytocin: Die Bindungen der Liebe

Wenn Biochemie einfach wäre – was sie nicht ist –, bräuchten wir nur genug Oxytocin. Die Bedeutung dieses Stoffes für zwischenmenschliche Bindungen wird durch seine Spitznamen deutlich: Manche nennen ihn »Liebesdroge«, andere sprechen vom »Kuschelhormon« oder »Vertrauenshormon«.

Oxytocin galt einst lediglich als das Molekül, das während der Wehen die Gebärmutterkontraktionen auslöst, die Milchbildung fördert und bei allen Säugetieren eine intensive Mutter-Kind-Bindung stimuliert. Wenn jungfräulichen Ratten Oxytocin injiziert wird, entwickeln sie schnell ein mütterliches Verhalten; Rattenmütter überqueren dann sogar elektrisch geladene Gitter, um für ihre Jungen zu sorgen. Wird das Oxytocin jedoch gehemmt, lehnen Rattenmütter ihre Jungen ab.

Doch wie die Untersuchungen der weiblichen Präriewühlmäuse ergeben haben, fördert Oxytocin die Paarbindung der Weibchen genauso wie Vasopressin diejenige der Männchen. Weil ihr Gehirn in den Belohnungszentren mit Oxytocin-Rezeptoren vollgepackt ist und der Oxytocinspiegel bei der Paarung ansteigt, lernen die monogamen Präriewühlmausweibchen (genau wie Menschen), angenehme Gefühle mit ihrem Partner zu assoziieren. Wird das Oxytocin gehemmt, gehen die sonst so ausgesprochen monogamen Präriewühlmausweibchen keine Bindung mit den Männchen ein.[23]

Auf diesen Beobachtungen und Tier-Experimenten basiert das Verständnis der Bedeutung von Oxytocin für die Paarbindung; doch erst Studien an menschlichen Paaren machten aus diesem Molekül auch außerhalb wissenschaftlicher Kreise eine Berühmtheit.

Schweizer Wissenschaftler gaben 47 Paaren ein Nasenspray, in dem entweder Oxytocin oder ein Placebo enthalten war. Dann führten die Paare ein Streitgespräch, das auf Video aufgezeichnet wurde. Unter Oxytocin zeigten sie mehr positives und weniger negatives Verhalten sowie niedrigere Werte des Stresshormons Cortisol.[24]

Unter Oxytocin zeigen Paare mehr positives und weniger negatives Verhalten; es scheint Vertrauen zu fördern.

Andere Studien lassen vermuten, dass Oxytocin Vertrauen fördert. In einem Experiment wurde den Teilnehmern eine Summe Geld gegeben, die sie einem Investor anvertrauen sollten. Die eine Hälfte der Teilnehmer nahm vorher ein Oxytocin-Nasenspray und die andere Hälfte ein Placebo. Die Personen unter Oxytocin vertrauten doppelt so häufig ihr gesamtes Geld dem Investor an.[25]

Und eine Studie der US-amerikanischen Behörde für geistige Gesundheit stellte fest, dass Personen, die vor dem Betrachten von Bildern gefährlich wirkender Gesichter Oxytocin zu sich genommen hatten, dabei deutlich weniger Aktivität in den Angstzentren ihres Gehirns aufwiesen.[26]

Angesichts dieser Reputation überrascht es nicht, dass im Internet jede Menge Oxytocin-Nasensprays und -Tropfen angeboten werden (ein Produkt heißt zum Beispiel »Liquid Trust« [d.h. »Flüssiges Vertrauen«]). Diese Oxytocin-Angebote richten sich an eine breite Kundschaft: von Singles, die sich nach einer Beziehung sehnen, über Paare, die ihre Beziehung retten wollen, bis hin zu Verkäufern, die ihren Kunden Vertrauen einzuflößen versuchen. Aber kluge Paare, die in ihren Beziehungen für ein stabiles Vertrauensverhältnis sorgen und sich in ihrer Verbindung wohlfühlen, wissen, dass sie wie die Präriewühlmäuse ihre Oxytocinwerte eigenständig und kostenlos durch Küssen, Streicheln, Kuscheln und Sex erhöhen können.

Serotonin: Besessenheit

1999 beschlossen die Psychiaterin Donatella Marazziti und ihre Kollegen von der Universität von Pisa (dieselbe Gruppe, die bei heftig verliebten Personen erhöhte Cortisol-Werte festgestellt hatte), der Frage nachzugehen, ob die frühen Stufen einer romantischen Verliebtheit einer Zwangsstörung ähneln. Angesichts der Vielzahl von Verliebten, die behaupten, »ständig« an ihren geliebten Partner zu denken, und angesichts der Unmenge von Liedern, die sich um das Thema »Ich denke nur an sie/ihn« drehen, war das eine durchaus begründete Vermutung.

Marazziti und ihre Kollegen suchten sich zwanzig Testpersonen, die sich in den vergangenen sechs Monaten verliebt hatten und angaben, mindestens vier Stunden am Tag an ihre Partner zu denken. Sie suchten sich auch zwanzig Patienten mit Zwangsstörungen und zwanzig Kontrollpersonen, die weder verliebt waren noch eine Zwangsstörung hatten. Die Blutproben ergaben, dass sowohl die Verliebten als auch die Zwangsgestörten ähnlich niedrige 5-HT-Werte hatten. Das Protein 5-HT entfernt das Serotonin zwischen den Gehirnzellen.

Frisch Verliebte sowie Zwangsgestörte ähneln sich im Hinblick auf erniedrigte 5-HT- bzw. Serotoninwerte.

Doch die weitere Forschung ergab, dass diese Ähnlichkeit nur von kurzer Dauer war. Als die Wissenschaftler bei einigen der Verliebten 12 bis 18 Monate nach dem Beginn ihrer Beziehung wieder Blutproben nahmen, war deren 5-HT-Wert wieder auf den normalen Pegel der Kontrollgruppe zurückgegangen. Die Ähnlichkeit zwischen Verliebten und Zwangsgestörten währt also nicht lange, doch die Wissenschaftler aus Pisa schlussfolgerten, »dass Verliebtheit einen Zustand hervorruft, der nicht normal ist – was auch etliche in den verschiedensten Sprachen und Gegenden gebräuchliche Redewendungen wie ›verrückt vor Liebe‹ belegen.«[27]

Neben schwerer Verliebtheit und Zwangsstörungen finden sich hohe Serotoninwerte auch bei allen möglichen Zuständen, von Depressionen über saisonale Depressionen bis hin zu impulsiver Gewalt und Wutausbrüchen. Der hohe Serotoninwert und die erhöhte Anreicherung mit Dopamin und dem Stresshormon Cortisol könnten ebenso den heftigen Zorn erklären, der in manchen Liebenden aufsteigt, wenn sie verlassen wurden.

In ihrem Buch »Warum wir lieben« erklärt die Anthropologin Helen Fisher die neurologischen Grundlagen für »Verlassenheitswut« [engl. »abandonment rage«] – ein Ausdruck, der von dem forensischen Psychologen J. Reid Meloy geprägt wurde:

»… das Netzwerk des Gehirns für Wut steht in enger Verbindung mit den Zentren des präfrontalen Cortex, die für die Erwartung und Überprüfung von Belohnungen zuständig sind. Wenn Menschen und andere Tiere zu erkennen beginnen, dass eine erwartete Belohnung ausbleiben könnte oder unerreichbar wird, senden diese Zentren des präfrontalen Cortex Signale an die Amygdala und lösen Wut aus … Wenn zum Beispiel die Belohnungszentren einer Katze künstlich sti-

muliert wurden, ist das für sie höchst angenehm. Bleibt die Stimulation dann aus, fängt sie an zu beißen. Und jedes Mal, wenn das Vergnügen ausbleibt, wird sie wütender.«

Ganz im Sinne des Spruchs »Es gibt nichts Schlimmeres als die Rache einer geschmähten Frau« berichtet Fisher von einer ihrer Testpersonen, die sie »Barbara« nennt. Barbaras Gehirn war zunächst für die Studie der heftig Verliebten gescannt worden. Zu jener Zeit ließ ihre Liebe für ihren Partner Michael sie vor Liebe, Gesundheit und Zuversicht leuchten. Als ihr Gehirn fünf Monate später wieder untersucht werden sollte, hatte Michael sie verlassen. Ihrem Gesicht sah man an, dass sie viel weinte, sie hatte abgenommen und meinte traurig: »Mein Elend sitzt mir wie ein dicker Kloß in der Brust.« Ihre Niedergeschlagenheit verwandelte sich jedoch in Zorn, als sie während ihres Hirnscans ein Bild von Michael betrachten sollte. Schäumend vor Wut kam sie aus dem Versuchsraum und beschimpfte Fisher: »Warum müsst ihr so was machen?!«[28]

Manche enttäuschte Liebende gehen so weit, ihr Objekt zu verfolgen, zu bedrohen oder sogar umzubringen. Die meisten Menschen suhlen sich jedoch eine Weile in ihrem Elend und heilen dann allmählich, vor allem wenn sie relativ bald einen neuen Partner finden.

Da liegt vielleicht der Gedanke nahe, den Zorn über das Verlassenwerden chemisch abzupuffern, zum Beispiel durch eine Erhöhung des Serotoninwertes. Doch wie bei jedem guten Liebestrank ist das nicht so einfach, und mehr ist nicht unbedingt besser. All diese chemischen Stoffe wirken synergistisch und unterschiedlich, je nachdem welcher Teil des Gehirns und welcher Körperteil betroffen ist. So kann es zu unerwünschten Nebenwirkungen kommen. Zum Beispiel wurde vielfach nachgewiesen, dass häufig verschriebene Antidepressiva wie Prozac oder Paxil, die die Serotonin-Wiederaufnahme hemmen und damit den Serotoninspiegel heben, zahlreiche Nebenwirkungen haben, darunter eine Dämpfung der Libido.

Selbst das Kuschelhormon Oxytocin, mit dem man möglicherweise Autismus behandeln kann und dessen Bindungskraft unanfechtbar ist, hat laut neueren Untersuchungen eine dunkle Seite.

Belgische Wissenschaftler haben festgestellt, dass Oxytocin nicht immer und überall Vertrauen fördert: Es ließ die Testpersonen bei einem sozialen Spiel kooperativer werden, wenn sie ihr Gegenüber vorher schon kannten, aber es machte sie weniger kooperativ, wenn sie mit jemand vollkommen Fremdem spielten.[29]

Holländische Forscher entdeckten, dass die Testpersonen unter dem Einfluss von Oxytocin ethnozentrischer wurden. Angesichts eines moralischen Dilemmas wie zum Beispiel der Möglichkeit, bei einem Zugunglück fünf Menschenleben retten zu können, wenn sie eines opferten, neigten Oxytocin schnüffelnde männliche Holländer stärker dazu, ihre Landsleute, nicht Deutsche oder Araber, zu retten, als die Personen der Kontrollgruppe.[30]

»Es scheint jetzt eindeutig klar, dass es auch in der Welt der Endokrinologie nichts umsonst gibt. Selbst wenn Oxytocin der Stoff ist, der den Nagetieren dieser Welt den Frieden bringt, gibt es doch keinen einfachen Hormonschub, der uns zu besseren Menschen machen könnte«, schreibt Robert M. Sapolsky, Professor für Neurowissenschaften der Stanford University, unter dem Titel »Peace, Love and Oxytocin« in der »Los Angeles Times«.[31]

Eine bessere Strategie, als zu versuchen, die richtige Zauberdroge zu finden, um Ihr Leben zu verschönern, besteht darin, Ihr Denken zu beeinflussen, denn Ihre Biochemie entspricht Ihrer Wahrnehmung.

Bevor ich im nächsten Kapitel weiter auf das Denken eingehe, mag dies ein guter Zeitpunkt sein, darauf hinzuweisen, dass die Kaskade von Chemikalien der Liebe nicht nur durch die Verliebtheit in eine Person ausgelöst werden kann, sondern auch durch die Verliebtheit in ein Projekt oder eine Idee. Eine völlig in ihre Arbeit vertiefte Künstlerin, ein begeisterter Jungunternehmer, ein Zellbiologe, der ein Buch über den Honeymoon-Effekt schreibt, eine verknallte Jugendliche: Wo immer Leidenschaft ist, sind die potenten chemischen Stoffe nicht weit, die uns drängen, dem Objekt unserer Begierde nachzugehen.

> Die Kaskade von Chemikalien der Liebe wird auch durch die Verliebtheit in ein Projekt oder in eine Idee ausgelöst.

4.

Vier unterschiedlich denkende *Minds*

Der Zauber der ersten Liebe
liegt in unserer Ahnungslosigkeit,
dass sie jemals enden könnte.

Benjamin Disraeli

Alles schien in bester Schwingung. Die Liebeshormone wallten durch unseren Körper, wir trällerten alle schmalzigen Liebeslieder vor uns hin, die wir je gehört hatten, und sie schienen endlich einmal wirklich einen Sinn zu ergeben. Wir meinten, die Liebe unseres Lebens gefunden zu haben, der Honeymoon-Effekt war voll im Schwange, und wir wussten einfach, diesmal wird es für immer sein.

Doch dann kam es anders. Alles brach zusammen und ließ uns niedergeschmettert und besessen von Gedanken über das, was hätte sein können, zurück. Und verwirrt – denn wie konnten aus etwas so Magischem bloß endlose, nervige Streitereien oder gar eine Scheidung werden? Immerhin *wollten* wir doch, dass es klappt. Wir *glaubten,* dass es funktioniert. Jetzt fragen wir uns vielleicht, ob die Macht der Überzeugungen möglicherweise nur bei anderen wirkt und nicht bei uns?

Seien Sie versichert, sie funktioniert auch bei Ihnen – allerdings gibt es einen Haken an der Sache, der erklärt, warum positives Denken alleine nicht ausreicht.

Der Haken ist: In jenen ersten seligen Wochen und Monaten der intensiven Verbindung mit unserem Partner wird unser Verhalten von unserem bewussten Denken gesteuert. Das bewusste Denken ist unser kreativer Geist, der sich für die Verwirklichung unserer Wünsche und Sehnsüchte einsetzt. Verschränkt sich das bewusste Denken zweier Liebender, so erzeugen sie magische Harmonie. Und weil Flitterwochen-Partner aus der Verbindung mit ihren tiefsten Wünschen und Sehnsüchten agieren, entsteht aus ihrem Zusammenspiel … voilà, der Himmel auf Erden!

> Verschränkt sich das bewusste Denken zweier Liebender, so erzeugen sie magische Harmonie.

Doch im Lauf der Zeit wendet sich das bewusste Denken dann wieder mehr der Geschäftigkeit des täglichen Lebens zu: dem Ausgleich des Kontos, der Organisation unserer Termine, der Planung des Wochenendes. Die Verarbeitungsprozesse des bewussten Denkens beschäftigen sich weniger mit der Erzeugung des Honeymoon-Effekts, sondern mehr mit anderen, notwendig erscheinenden Strategien. Das Ergebnis ist, dass das bewusste Denken die

Verhaltenssteuerung an Standardprogramme des Unterbewusstseins abgibt.

Und dann sind in der Paarbeziehung auf einmal vier *Minds* am Werk statt zwei: zwei bewusste und zwei unterbewusste. Und diese zwei zusätzlichen Unterbewusstsein können in glücklichen Beziehungen enormen Schaden anrichten. Wenn unsere bewusste Wahrnehmung nicht mehr aufpasst, verlieren wir die Kontrolle über die »Flitterwochen«, die wir erschaffen haben, und gleiten unbewusst in vorprogrammierte Verhaltensweisen ab, die wir im Lauf unserer Entwicklung übernommen haben. Und sobald die unterbewussten Programme erst einmal in Gang kommen, verblasst der Glanz der Flitterwochen bei vielen Paaren sehr schnell.

Sobald die unterbewussten Programme wieder in Gang kommen, verblasst der Glanz der Flitterwochen bei vielen Paaren sehr schnell.

Das verwundert nicht, denn die Programme des Unterbewusstseins sind im Wesentlichen durch die Beobachtung und das Abspeichern des (häufig negativen und schwächenden) Verhaltens anderer Menschen entstanden – vor allem der Eltern, der nahen Angehörigen und der kulturellen Gemeinschaft. Wir fangen an, bei unserem Partner (und in uns selbst) eine Seite zu erleben, die in den Flitterwochen nie zum Vorschein kam. Wenn das bewusste Denken aufhört, auf den gegenwärtigen Augenblick zu achten, fallen wir nämlich automatisch und vor allem unbewusst in Verhaltensweisen zurück, die wir von anderen abgespeichert haben.

Das folgende Szenario ist den meisten von Ihnen wahrscheinlich nur allzu vertraut: Sie baden genüsslich im Honeymoon-Effekt, erfüllt von Liebe für Ihren zugewandten, hilfsbereiten Partner, den Sonnenschein Ihres Lebens. Eines Tages stellen Sie ihm eine einfache, freundliche Frage. Er denkt gerade nicht daran, wie wundervoll Ihre Beziehung ist. Sein bewusstes Denken ist vollkommen mit einem Defekt des Autos oder der nächsten Miete beschäftigt, und er antwortet gedankenlos in einem ruppigen Ton, der ausdrückt: »Lass mich in Ruhe!« Erschrocken fragen Sie: »Wer bist du?«

Das ist der Moment, in dem der Honeymoon zu bröckeln beginnt. Er hat so reflexartig und unbewusst geantwortet, dass er nicht einmal gemerkt hat, wie ruppig er war. Daher empfindet er Ihre Reaktion als »Angriff« auf seinen Charakter und fängt an, die Hacken in den Boden zu stemmen, um sich zu verteidigen. Er denkt: »Sie wirft mir vor, ich sei nicht ich selbst. Ich bin derselbe, der ich immer war. Keine Ahnung, was sie meint. Warum stellt sie sich so an?«

Währenddessen denken Sie: »Wo ist der nette Mann geblieben, den ich geheiratet habe?« Ihr bewusstes Denken löst sich vom gegenwärtigen Augenblick, um die unangenehme Situation zu überdenken, in der Sie sich befinden. Unbemerkt gleiten auch Sie in Ihre bis dahin verborgenen unterbewussten Verhaltensweisen, die Sie von Ihrer Familie und Kultur übernommen haben. Jetzt schaut Ihr Partner erschrocken zu, wie seine geliebte Gefährtin anfängt, Kritik und Schuldzuweisungen und andere nicht gerade liebenswerte Programme aus ihrem Elternhaus abzuspulen.

Je mehr die Dinge des täglichen Lebens das Bewusstsein von Ihnen und Ihrem Partner in Beschlag nehmen, desto mehr disharmonische, unbewusste Verhaltensmuster treten zutage. Ihre Aufmerksamkeit wendet sich von der Wertschätzung Ihres Partners immer mehr seinen gelegentlichen Wutausbrüchen zu. Sie werden beide zunehmend abwehrend und kritisieren die Fehler des anderen: Er räumt nie auf, sie schraubt nie die Zahnpastatube zu und so weiter. All die Dinge, die Sie im Rausch der ersten Liebe nicht bemerkt haben, fangen jetzt an, Sie zu nerven.

Sofern Sie sich über eine Internet-Partner-Agentur gefunden haben, denken Sie darüber nach, Ihr Geld zurückzufordern. »Er/sie hat den Fragebogen bestimmt nicht ehrlich ausgefüllt!« Doch Sie haben ihn beide nach bestem Wissen und Gewissen beantwortet. Allerdings mit Ihrem bewussten Denken – und das ist der Haken. Die besonnenen Antworten Ihres bewussten Denkens spiegeln die Art von Mensch wider, der Sie sein möchten. Leider kommt dieser Teil von Ihnen, der den Fragebogen ausgefüllt hat, nur zu etwa fünf Prozent der Zeit zum Tragen. Beide Partner haben in ihrem Fragebogen nichts über ihre von anderen übernommenen, zerstörerischen unterbewussten Programmierungen verlauten lassen, entsprechend denen wir uns alle in 95 Prozent der Zeit verhalten.

Wenn ungebetene Verhaltensweisen 95 Prozent der Zeit einnehmen, haben Sie und Ihr Partner mit Sicherheit die Flitterwochen hinter sich gelassen und befinden sich wieder auf dem harten Boden des gewöhnlichen Lebens. Wäre irgendeine dieser bis dahin unsichtbaren, verstörenden Verhaltensweisen schon am ersten Tag aufgetreten, hätte es wahrscheinlich gar keinen zweiten Tag gegeben. Jetzt sitzen Sie da und fragen sich, ob Sie Ihre Erwartungen herunterschrauben und den gegenwärtigen Zustand Ihrer Beziehung einfach akzeptieren sollten, nach dem Motto: »So ist das Leben nun mal, und alles hat seine zwei Seiten.« Oder die vielen Kompromisse, die Sie eingehen, um sich auf ein beleidigendes Verhalten einzustellen, werden irgendwann für Sie so unerträglich, dass Ihre einst unverbrüchliche Bindung zerbricht und Sie sagen: »Zur Hölle damit, ich schaff das nicht.« Und dann ziehen Sie wieder los und versuchen zu finden, was Sie einst gefunden zu haben glaubten.

Der Verursacher dieses sich wiederholenden Zyklus ist unsichtbar. Der Übeltäter ist ein Verhalten, das in Ihrer beider Unterbewusstsein einprogrammiert wurde. Ihr bewusstes Denken schickt Sie auf die Suche nach einem liebevollen Partner und jubelt, wenn es ihn gefunden zu haben meint, aber Ihr Unterbewusstsein zerstört immer wieder das, was Sie erschaffen. Doch wenn Sie wissen, dass Sie es in einer Paarbeziehung mit vier *Minds* zu tun haben, und wenn Sie wissen, wie Sie die negative Programmierung Ihrer beider Unterbewusstsein umwandeln können, dann verfügen Sie über die Mittel, wieder aufzubauen, was Sie verloren glaubten.

Das geistreiche, kreative, bewusste Denken

Um besser zu verstehen, wie dies geschieht, wollen wir etwas näher auf die Beziehung zwischen Gehirn und Bewusstsein eingehen. Das menschliche Gehirn ist ein physisches Instrument, ähnlich wie ein Radio. Sowohl das Bewusstsein als auch das Unterbewusstsein lassen sich mit den Programmen vergleichen, die wir in einem Radio hören. Die Aktivitäten des bewussten Denkens hängen vor allem mit den neuronalen Verarbeitungsprozessen des präfrontalen Cortex zusammen, der letzten evolutionären Entwicklungsstufe des menschlichen Gehirns.

Wir verbinden unser bewusstes Denken mit unserer persönlichen Identität. Es definiert uns als etwas Individuelles, Einzigartiges. Das bewusste Denken verwaltet unsere persönlichen Wünsche, Sehnsüchte und Bestrebungen. Wenn ich Sie frage, welche Art von Beziehung Sie in Ihrem Leben wünschen, kommt Ihre wundervolle, geistreiche Antwort von Ihrem bewussten Denken: Ich wünsche mir eine Beziehung, die auf Liebe, Gegenseitigkeit, Achtung und guter sexueller Chemie beruht. Das ist das positive Denken, das sich Notizzettel mit Sprüchen wie »Ich verdiene eine liebevolle Beziehung« oder »Ich ernähre mich gesund« an den Kühlschrank klebt.

Dieser kreative Aspekt unseres Geistes kann auch in die Vergangenheit und in die Zukunft schauen – er ist nicht an Zeit gebunden. Ihr bewusstes Denken kann sagen, was Sie nächsten Mittwoch tun werden oder letzten Mittwoch getan haben. Es kann sich vom gegenwärtigen Moment lösen und sich den ganzen Tag lang erträumen, was alles geschehen könnte: ein Lotteriegewinn oder die Begegnung mit dem Traumprinzen.

Aber Moment mal, wenn unser Bewusstsein nicht aufpasst, weil es gerade mit großartigen philosophischen Erwägungen oder Tagträumen über das Leben, das wir uns wünschen, beschäftigt ist, wer kümmert sich dann darum, was gerade passiert? Die Neurowissenschaftler sagen uns, dass unser persönliches, kreatives Denken fähig ist, von einem Gedanken zum nächsten zu springen, und deshalb nur in etwa 5 Prozent unserer kognitiven Aktivitäten involviert ist (ich weiß, ich habe das schon gesagt, aber diese Tatsache ist es wert, wiederholt zu werden). Die übrigen 95 Prozent unserer kognitiven Aktivitäten werden von erworbenen, im Unterbewusstsein abgespeicherten Programmen bestimmt.[1]

Das Gewohnheiten und Wiederholungen abspulende Unterbewusstsein

Das Unterbewusstsein ist jener Teil unseres Geistes, der – Notizzettel hin oder her – uns im Kühlschrank doch wieder nach den Schokohörnchen greifen oder auf der Party doch wieder auf den größten Macho zuschleichen lässt. Das Unterbewusstsein ist mit der neuronalen Aktivität eines sehr viel größeren Teils des Gehirns (etwa 90 Prozent) verbunden als der präfrontale Cortex des bewussten Denkens. Das Unterbewusstsein hat auch viel mehr Einfluss auf unser Verhalten als das bewusste Denken. Der präfrontale Cortex kann magere 40 Nervenimpulse pro Sekunde verarbeiten. Jene 90 Prozent des Gehirns, auf die das Unterbewusstsein zugreifen kann, können hingegen 40 Millionen Nervenimpulse pro Sekunde bewältigen. Der Prozessor des Unterbewusstseins ist also eine Million Mal stärker als jener des bewussten Denkens.[2]

> Das Unterbewusstsein ist mit der neuronalen Aktivität eines viel größeren Teils des Gehirns (etwa 90 Prozent) verbunden als der präfrontale Cortex des bewussten Denkens. Es hat auch viel mehr Einfluss auf unser Verhalten.

Sie könnten zu diesem Zeitpunkt eine ausgesprochen negative Haltung gegenüber Ihrem mächtigen Unterbewusstsein entwickeln, das all Ihre Bemühungen untergräbt, den Honeymoon-Effekt in Ihrem Leben zu verankern – und den Schokohörnchen fernzubleiben (Margaret nennt diese Mechanismen »tödliche Kreisläufe«). Aber das Unterbewusstsein spielt in der menschlichen Entwicklung und in unserem täglichen Leben eine wertvolle Rolle. Wie auch immer, alle Kämpfe oder Anklagen gegen das Unterbewusstsein sind Zeitverschwendung – obwohl ich selbst immer wieder dazu neige, wenn ich mir ein süßes Teilchen einverleibe und mein bewusstes Denken dann schimpft: »Du bist so ein Idiot! Warum musst du das jetzt essen, wo du dir doch gerade geschworen hast, die Finger von diesen Dingern zu lassen?«

Ich kann schimpfen und fluchen, so viel ich will, es ist Zeitverschwendung, denn es gibt in meinem Unterbewusstsein niemanden, der auf meine Tiraden antwortet! Das Unterbewusstsein herunterzuputzen ist so, als würde man seinen Fernseher anschreien.

Ist Ihr Fernseher gut oder schlecht? Weder noch. Schimpfen Sie nicht auf den Fernseher, schimpfen Sie auf das Programm! Ist Ihr Unterbewusstsein gut oder schlecht? Weder noch. Das Unterbewusstsein ist vor allem ein höchst wirksamer Abspielmechanismus, der im Gegensatz zum bewussten Denken kaum kreativ ist und kein Zeitgefühl hat. Es ist immer im gegenwärtigen Augenblick, sieht keine Zukunft und schert sich mit Sicherheit nicht das Geringste darum, wenn Sie es ausschimpfen!

Statt Ihr Unterbewusstsein zu dämonisieren oder seine ärgerlichen Verhaltensprogramme zu bekämpfen, ist es sinnvoller, seine Macht anzuerkennen.

Dies wäre wahrscheinlich ein ziemlich deprimierendes Buch, wenn ich nur erklären könnte, wie unsere besten Absichten und unsere schönsten Liebesaffären von unserem Unterbewusstsein sabotiert werden, ohne auf Hilfsmittel hinweisen zu können, mit denen sich das Unterbewusstsein umprogrammieren lässt. Glücklicherweise sind wir jedoch nicht dazu verdammt, mit dem Selbstsabotage-Programm unseres Unterbewusstseins weiterzuleben.

Doch bevor ich zur Umprogrammierung unseres Unterbewusstseins komme, will ich erklären, wo all die negativen Programmierungen herkommen (nämlich nicht von Ihnen). Dann werde ich auf einige Hilfsmittel zur Umprogrammierung des Unterbewusstseins eingehen: Damit können die unsichtbaren Hindernisse beseitigt werden, die uns davon abhalten, den Honeymoon-Effekt in unserem Leben zu erzeugen oder zu erhalten.

Vorgeburtliche Programmierung im Uterus

Viele Ärzte glaubten (und glauben teilweise heute noch), eine schwangere Frau müsse nur gesund essen, Vitamine und Mineralien zu sich nehmen und sich ausreichend bewegen, um die Gesundheit ihres Kindes zu fördern; den Rest würden die Gene erledigen. Doch die neueren Forschungsergebnisse haben den Mythos, ein ungeborenes Kind sei noch nicht ausreichend entwickelt, um auf etwas anderes als seine Ernährung zu reagieren, endgültig ad acta gelegt. Immer mehr Studien belegen, wie hoch entwickelt, sensibel und lernfähig das Nervensystem von Kindern im Mutterleib und bei Neugeborenen bereits ist. »Die Wahrheit lautet, dass vieles, was wir bislang über Säuglinge angenommen haben, nicht stimmt. Sie sind nicht schlichte Wesen, sondern komplexe, alterslos-kleine Geschöpfe mit unerwartet großen Gedanken«, schreibt David Chamberlain in seinem Buch »Woran Babys sich erinnern«.[3]

Im Weltbild der genetischen Kontrolle, in dem die Erbanlagen das Schicksal eines Organismus bestimmen, brauchte die Wissenschaft sich nur mit dem Einfluss der über das mütterliche Blut übermittelten Nährstoffe auf die fötale Entwicklung zu befassen. Doch in der Morgendämmerung der epigenetischen Revolution wurde deutlich, wie sehr Umweltsignale die Genexpression beeinflussen. Wie wir heute wissen, wird die Entwicklung des Fötus von sehr viel mehr beeinflusst als von den Nährstoffen im Blut der Mutter. Das mütterliche Blut enthält auch eine große Bandbreite von »Informations«-Molekülen wie Hormone und Wachstumsfaktoren, die mit der emotionalen und physischen Gesundheit der Mutter zusammenhängen.

Heute wissen wir: Dieselben chemischen Stoffe, die die Erfahrungen und das Verhalten der Mutter prägen, stimulieren durch die Plazenta auch im Kind die gleichen Zellen und Gene wie in der Mutter. In der Folge erlebt der Fötus bei seinem Bad in der mütterlichen Chemie die gleichen Emotionen und die gleiche Physiologie wie seine Mutter.

> Der Fötus erlebt bei seinem Bad in der mütterlichen Chemie die gleichen Emotionen und die gleiche Physiologie wie seine Mutter.

Ist die Mutter beispielsweise ständig ängstlich, nimmt der Fötus auch ihr Cortisol und andere Stresshormone auf. Ist das Kind aus irgendwelchen Gründen unerwünscht, durchströmen den Fötus chemische Stoffe der Zurückweisung. Wenn die Mutter total in ihr Kind und ihren Partner verliebt ist, genießt der Fötus genau die Liebesdrogen, die ich im vorigen Kapitel beschrieben habe. Ist die Mutter wütend auf den Vater, weil er sie während der Schwangerschaft verlassen hat, wird der Fötus in Ärger-Chemie gebadet.

In meinen Vorträgen zeige ich ein Video der Associazione Nazionale Educazione Prenate, weil darin die wechselseitige Beziehung zwischen Eltern und ungeborenem Kind so deutlich wird. Im Video sieht man das Sonogramm eines Fötus während eines lautstarken Streits seiner Eltern. Man erkennt, wie der Fötus beim Beginn des Streits zusammenzuckt. Und als der Streit mit Geräuschen von klirrendem Glas und schrillen Stimmlagen eskaliert, sieht man, wie sich der Fötus erschreckt krümmt und hochspringt, als befände er sich auf einem Trampolin.

Dieses Sonogramm und andere Forschungen machen deutlich, dass Föten stark auf die Umgebung reagieren, die ihnen von der Mutter und unter dem Einfluss des Vaters geboten wird. Dr. Thomas R. Verny, dessen bahnbrechendes Buch »Das Seelenleben des Ungeborenen« 1981 erschien, trat als Erster für den Einfluss ein, den Eltern während der Schwangerschaft ausüben:

»Das enorme Gewicht der wissenschaftlichen Erkenntnisse des letzten Jahrzehnts verlangt, dass wir uns von den mentalen und emotionalen Fähigkeiten der ungeborenen Kinder ein neues Bild machen. Ob sie wachen oder schlafen, die Studien zeigen, dass sie [die ungeborenen Kinder] ständig auf alles reagieren, was die Mutter tut, denkt und fühlt. Vom Augenblick der Empfängnis an formt die Erfahrung im Mutterleib das Gehirn und bildet die Grundlagen für die Persönlichkeit, das emotionale Temperament und die geistigen Fähigkeiten.«[4]

Das sich bildende fötale Gehirn reagiert nicht nur auf die chemischen Botenstoffe im mütterlichen Blut, sondern entwickelt auch eine Erinnerung an die chemischen Kaskaden, die seine vorgeburtliche Erfahrungswelt im Uterus ausmachen. Bei seiner Geburt hat es bereits die emotionale Melodie eines bestimmten Verhaltensmusters abgespeichert, und diese Melodie wird sein Leben lang erklingen. Das Kind kommt mit dieser Melodie auf die Welt, weil es im Mutterleib mit Mustern bestimmter emotionaler Chemikalien programmiert wurde. Dabei geht es nicht um einzelne Ereignisse wie etwa einen Streit – die sich wiederholenden Muster der emotionalen Kaskaden der Mutter sind es, die prägend wirken. Nach der Geburt macht sich das Kind ans Werk, sich Lebenserfahrungen zu verschaffen, die zu dieser emotionalen Melodie passen. Das ist prima, wenn die Melodie aus Liebe entstanden ist, aber nicht schön, wenn die schwangere Mutter in einem chronisch instabilen Zustand war.

Nach der Geburt macht sich das Kind ans Werk, sich Lebenserfahrungen zu verschaffen, die zu der emotionalen Melodie der vorgeburtlichen Erfahrungswelt passen.

Das Wissen um diese Art von Programmierung ist auch für Adoptiveltern wichtig, deren Kinder eine schwierige Vorgeschichte haben. Diesen Eltern ist oft nicht bewusst, dass ihr Kind, selbst wenn sie es als Säugling übernommen haben, bereits dysfunktionale emotionale chemische Muster abgespeichert haben kann, die zur Melodie eines wenig angenehmen Verhaltensliedes werden könnten. Das Kind ist kein unbeschriebenes Blatt.

Adoptiveltern sind oft erschüttert, wenn ihre mit viel Liebe und Aufmerksamkeit großgezogenen Kinder plötzlich die dysfunktionalen Verhaltensweisen ihrer biologischen Eltern zeigen. Ihnen ist nicht klar, dass die Grundlagen der Persönlichkeit des Kindes bei seiner Geburt bereits ausgebildet sind.

Das neue Wissenschaftsfeld, das sich der pränatalen Entwicklung widmet, geht davon aus, dass es sich dabei um die folgenreichste Zeit unseres Lebens handelt, die enormen Einfluss auf die Verknüpfungen in unserem Gehirn und die Ausbildung unserer Intelligenz und unseres Temperaments hat. In einer Titelgeschichte des »TIME Magazine« bestätigt Anne Murphy Paul, »dass der geistige Zustand einer Schwangeren die Psyche ihres Nachwuchses formt«.[5] Wegen der großen Bedeutung der neun Monate im Mutterleib für die menschliche Entwicklung in jedem Bereich des Lebens schlägt Dr. Verny vor, schwangere Frauen sollten T-Shirts mit dem Aufdruck »Baby-Baustelle« tragen, um diese wichtige Tatsache immer wieder ins Bewusstsein zu rufen. Die Mutter (mitsamt ihrer Beziehung zum Vater) gibt dem Kind eine Art Vorsprung im Leben. Durch die Physiologie der Mutter, vor allem durch ihr Blut, das durch die Plazenta fließt, lernt das Ungeborene indirekt schon viel über die Welt, in die es hineingeboren werden wird, und kann so aktiv sein Verhalten und seine Genetik anpassen, um in der Welt seiner Eltern bessere Überlebenschancen zu haben.

Nachgeburtliche Programmierungen

Das Lernen geht nach der Geburt mit Höchstgeschwindigkeit weiter. Die Kinder kommen mit einigen instinktiven Verhaltensweisen wie dem Nuckeln auf die Welt und haben ungeheuer viel zu lernen, bis sie sich allein durch diese Welt bewegen können. Kein Wunder, dass die Evolution die Gehirne von Säuglingen und Kleinkindern mit der Fähigkeit ausgestattet hat, in Windeseile unvorstellbar viele Verhaltensmuster und Überzeugungen abzuspeichern.

Ein Schlüssel zum Verständnis dieses Prozesses ist die fluktuierende elektrische Aktivität des Gehirns, die sich im EEG messen lässt. In Erwachsenengehirnen umfasst diese Aktivität eine Bandbreite von fünf Frequenzbereichen, von der niedrigsten Frequenz der Deltawellen bis zur höchsten Frequenz der Gammawellen. In kleinen Kindern herrschen jedoch nur die beiden niedrigsten Wellenbereiche vor, Theta und Delta.[6a,b]

Im Mutterleib und während des ersten Lebensjahrs arbeitet das menschliche Gehirn vorwiegend in der niedrigsten Gehirnfrequenz von 0,5 bis 4 Zyklen pro Sekunde (Hz), die wir »Deltawellen« nennen. Das überrascht nicht, denn Säuglinge schlafen viel. Bei Erwachsenen treten Deltawellen vor allem im Tiefschlaf auf.

Im Alter von zwei bis sechs Jahren findet man bei Kindern vor allem Thetawellen (4–8 Hz). Dieser Frequenzbereich steht mit dem Zustand der Imagination in Verbindung. In diesem Alter macht die Fantasie der Kinder die tollsten Sprünge. Sagen Sie keinem Kind, das auf einem Besen reitet und verkündet, dies sei ein Pferd, das sei doch nur ein Besen! Für das Kind ist es ein Pferd, denn in dieser wundervollen Lebensstufe, in der die Thetawellen dominieren, mischen sich Fantasie und Wirklichkeit, und der Besen wird für das Kind tatsächlich zum Pferd.

Thetawellen spielen auch in der Hypnose eine Rolle. Um Informationen direkt in das Unterbewusstsein abzuspeichern, verwenden Hypnosetherapeuten Methoden, durch die sie ihre Klienten in diesen entspannten, imaginativen und leicht beeinflussbaren Zustand der Thetafrequenzen versetzen.

Während der ersten sechs Jahre kommen die Bewusstseinsqualitäten, die mit Alpha-, Beta- und Gammawellen assoziiert sind, in den Gehirnen von Kindern nur am Rande zum Tragen. Sie arbeiten vorwiegend unterhalb des kreativen Bewusstseins in einem Zustand, der der Aktivität von Erwachsenengehirnen während des Schlafens und unter Hypnose entspricht. In ihrem leicht beeinflussbaren Theta-Zustand speichern Kinder unglaubliche Mengen an Informationen ab, die sie fürs Überleben in ihrer Umwelt brauchen, aber sie können diese Informationen während des Abspeicherns nicht prüfen. Jeder, der an dieser Art des präzisen Abspeicherns zweifelt, braucht sich nur an den Zeitpunkt zu erinnern, als sein Kind zum ersten Mal ein Schimpfwort einsetzte, das es von Papa oder Mama aufgeschnappt hatte. Meistens ist an der Aussprache und Betonung der Vokabel die ursprüngliche Quelle ziemlich leicht zu erkennen.

Dieses genial entworfene Verhaltens-Speichersystem kann von extrem kritischen Eltern völlig besetzt werden (und ich meine damit nicht das gelegentliche Schimpfwort). Die meisten von uns sind in Familien aufgewachsen, wo wir von unseren Eltern Kritik gehört haben wie: »Das hast du nicht verdient. Du bist dumm. Du bist böse. Du bist ein schwächliches Kind.« In der Regel meinen die Eltern damit nicht, dass sie ihr Kind nicht lieben. Sie fühlen sich eher wie ein Trainer, der versucht, seine Spieler durch negative Kritik zu besseren Leistungen anzuspornen.

> Das Gehirn eines Kindes arbeitet in den ersten sechs Lebensjahren vorwiegend unterhalb der Bewusstseinsschwelle. Es speichert sowohl positive als auch negative Aussagen der Eltern zuverlässig als Wahrheit ab.

Diese Art von Ansporn erfordert jedoch vom Kind die Fähigkeit, die positive Logik hinter der negativen elterlichen Kritik zu erfassen. Doch weil das Gehirn eines Kindes in den ersten sechs

Lebensjahren vorwiegend unterhalb der Bewusstseinsschwelle arbeitet, kann das Kind das nicht begreifen und speichert diese Aussagen der Eltern genauso zuverlässig als Wahrheit ab, wie unser Computer Informationen auf seiner Festplatte abspeichert. Kritische Eltern haben oft keine Ahnung, wie sehr sie in ihrem Bemühen, zu helfen, ihr Kind dazu verdammen, mit einem niedrigen Selbstwertgefühl durchs Leben zu gehen.

Hier ist ein Beispiel: Ein Vater geht mit seinem fünfjährigen Sohn durch ein Einkaufszentrum. Der Sohn sieht ein Spielzeug, das ihn fasziniert und das er unbedingt jetzt haben will. Als sein Vater das ablehnt, bekommt der Sohn einen Wutanfall, der die Aufmerksamkeit aller anderen Kunden und Passanten auf sich zieht. Der Vater fängt an sich aufzuregen und stößt verärgert und mit scharfer, bestimmender Stimme aus: »Du hast das gar nicht verdient!« Das Kind speichert die Worte des Vaters und seinen ablehnenden Tonfall als Wahrheit ab: Ich bin nicht gut genug; ich bin nicht liebenswert.

Das »Ich bin nicht liebenswert«-Programm gehört zu den größten Hindernissen, die dem Honeymoon-Effekt im Wege stehen können. Bei der Überprüfung von unterbewussten Programmierungen durch Muskeltests zeigt sich immer wieder: Das Unterbewusstsein der meisten Menschen empfindet den Satz »Ich liebe mich« als unwahr.

Ich habe die Wirksamkeit des Muskeltests schätzen gelernt, als ich nach einem schweren Motorradunfall zu einem Chiropraktiker ging: Er verwendete den Muskeltest als Möglichkeit, mit dem Unterbewusstsein zu kommunizieren. Er bat mich, meinen Arm auszustrecken und dem Druck nach unten, den er auf den Arm ausübte, Widerstand zu leisten. Ich hatte kein Problem damit, dem sanften Druck zu widerstehen. Dann bat er mich, den Arm auszustrecken und dabei zu sagen: »Mein Name ist Bruce.« Wieder war es ganz leicht für mich, dem Druck standzuhalten.

Nun bat er mich, meinen Arm auszustrecken und seinem Druck standzuhalten, während ich »Mein Name ist Mary« sagte. Zu meiner Verblüffung klappte der Arm einfach herunter, obwohl ich mich bemühte, ihn möglichst waagrecht zu halten. »Probieren Sie es noch mal«, sagte ich, »ich war wohl noch nicht bereit.« Also machten wir das Gleiche noch einmal. Diesmal konzentrierte ich mich mit ganzer Kraft darauf, den Arm oben zu halten. Doch als ich »Mein Name ist Mary« sagte, sackte mein Arm abwärts wie ein Stein. Der Grund dafür ist eine Schwächung der Körpermuskulatur, die auftritt, sobald das bewusste Denken eine Aussage trifft, die mit den Überzeugungen des Unterbewusstseins in Konflikt steht.

In meinen Vorträgen bitte ich das Publikum oft, den Satz »Ich liebe mich« mit dem Muskeltest zu prüfen. Wenn die Mehrzahl der Arme dann gesunken ist, lade ich die Zuhörer ein, darüber nachzudenken, welche Wirkung die unterbewusste Überzeugung, nicht liebenswert zu sein, wohl auf ihre Beziehungen habe.

Wenn wir uns mit unseren beiden Bewusstseinsebenen nicht selbst lieben, wie groß ist dann wohl die Chance, von anderen geliebt zu werden? Sehr gering. Und wenn jemand nun behauptet, uns zu lieben, für wie wertvoll halten wir ihn dann, wo wir uns doch noch nicht einmal selbst liebenswert finden?

Solche unterbewussten Programmierungen erzeugen, wenn sie 95 Prozent der Zeit dominieren, unbewusst Verhaltensweisen, die diese Überzeugungen zum Ausdruck bringen. Wir meinen, es sei unser Geheimnis, aber es zeigt sich überdeutlich in unseren unbewussten Reaktionen auf Situationen. Und vor allem strahlen wir unsere dysfunktionalen Überzeugungen auch über unser Energiefeld aus und sabotieren damit auf unsichtbare Weise all unsere Bemühungen, die Art von Beziehung in unserem Leben zu erschaffen, nach der sich unsere bewusste Wahrnehmung so dringend sehnt.

> Wir strahlen unsere dysfunktionalen Überzeugungen wie »Ich bin nicht liebenswert« auch über unser Energiefeld aus und sabotieren damit all unsere bewussten Bemühungen.

Im Lauf der Kindheit prägen sich dem Unterbewusstsein nicht nur Worte ein, sondern auch Verhaltensweisen. In ihrer hypnagogischen Thetawellen-Trance beobachten und belauschen Kinder sorgfältig ihre Eltern und speichern deren Verhalten in ihrem Unterbewusstsein, um es nachzumachen. Wenn die Eltern großartige Verhaltensvorbilder sind, ist die Theta-Hypnose ein wundervolles Instrument, um Kindern alle möglichen Fähigkeiten beizubringen, die ihr Überleben in der Welt sichern. Doch falls das Verhalten der Eltern nicht so großartig ist, können dieselben Theta-»Aufzeichnungen« den Kindern das Leben höllisch schwer machen.

Auch unsere nahen Verwandten, die Schimpansen, lernen laut Forschungsergebnissen einfach durch Beobachtung. Im Lauf von zwei Jahren lernte eine Schimpansin in einer Reihe von Experimenten des Kyoto University's Primate Research Institute, japanische Schriftzeichen mit verschiedenen Farben zu assoziieren. Auf einem Bildschirm tauchte das japanische Schriftzeichen für eine Farbe auf, und die Schimpansin musste dann die richtige Farbtaste drücken, um eine Münze zu erhalten, mit der sie aus einem Automaten eine Frucht ziehen konnte.

Gegen Ende dieses Lernprozesses hatte die Schimpansin ein Junges, das sie während der Trainingsstunden immer dicht an ihrem Körper hielt. Zur Überraschung der Wissenschaftler aktivierte das Junge eines Tages, kurz nachdem die Mutter sich aus dem Automaten eine Frucht geholt hatte, den Computerbildschirm. Als ein Schriftzeichen auftauchte, wählte das Schimpansenkind die richtige Farbtaste, griff sich die Münze und lief dann zu seiner Mutter zum Frucht-Automaten.

Die verblüfften Wissenschaftler konnten daraus nur schließen, dass junge Schimpansen auch komplexe Verhaltensweisen allein durch Beobachtung, ohne direkte Anleitung ihrer Eltern, lernen können.[7]

Diese und andere Studien mögen zwar wundervolle Lernmöglichkeiten eröffnen, denken wir jedoch an Kinder, die in Problemfamilien aufwachsen, zum Beispiel mit häuslicher Gewalt oder Alkoholmissbrauch, sind diese Ergebnisse erschreckend. Auch bei weniger schwierigen Familiensituationen machen sie sehr nachdenklich. Wir brauchen nur an die ungesunden Aspekte der Ehen unserer Eltern zu denken!

Vielleicht wenden Sie jetzt ein: »Aber ich bin anders.« Vielleicht haben Sie sich geschworen, nie eine Beziehung wie Ihre Eltern zu führen. Das mag ein ehrenwertes Ziel Ihres bewussten Denkens sein, aber Ihr von Ihren Eltern programmiertes dominantes Unterbewusstsein steuert derweil Ihr Verhalten.

Manchmal ist es richtig schwer, Menschen ihre unterbewussten Programmierungen bewusst zu machen. Denken Sie einmal nicht an sich selbst, sondern an einen alten Jugendfreund. Da Sie von damals auch seinen Vater kennen, fällt Ihnen eines Tages auf, wie sich Ihr Freund in einer Situation genau wie sein Vater verhält. »Du bist genau wie dein Vater«, bemerken Sie beiläufig und sollten lieber schnell in Deckung gehen, denn Ihr Freund könnte sich ziemlich aufregen. »Spinnst du? Ich bin vielleicht alles Mögliche, aber bestimmt nicht wie mein Vater!« Für alle ist es offensichtlich, dass er sich wie sein Vater verhält, nur er selbst kann seine unterbewussten Programmierungen nicht erkennen!

Und genau das gilt für uns alle. Wir meinen, unser Verhalten sei von den Wünschen, Sehnsüchten und Bestrebungen unseres bewussten Denkens gesteuert. Doch sobald unser bewusstes Denken in seine Gedankenwelten abdriftet, passt es nicht mehr auf, was gerade los ist. Dann schaltet sich das Unterbewusstsein ein, und wir verhalten uns plötzlich wie unsere Eltern und merken es nicht!

Jetzt fragen Sie sich vielleicht, wann der Theta-induzierte Speicherungsprozess denn aufhört. Im Alter von sechs bis sieben Jahren werden Kinder weniger anfällig für diese hypnotischen Programmierungen, und ihre Gehirne fangen an, zunehmend in den höheren Frequenzen von Alphawellen (8–12 Hz) zu arbeiten. Alphawellen-Aktivitäten stehen mit Zuständen ruhiger Bewusstheit in Verbindung. Nun fängt das Kind an, ein Gefühl des »Selbst« zu entwickeln.

Gehen wir noch mal zu dem Szenario im Einkaufszentrum zurück. Diesmal ist das Kind zehn Jahre alt, und sein Gehirn arbeitet vorwiegend im bewussten Alphawellen-Bereich. Wenn das Kind jetzt hört: »Du verdienst dieses Spielzeug nicht!«, nimmt es seinen Vater vielleicht nicht ganz wörtlich (außer es handelt sich um eine Familie, in der verbaler Missbrauch an der Tagesordnung ist). Das Kind kann die Situation mit seinem bewussten Denken überprüfen und sich dann vielleicht bewusst machen: »Mein Vater ist genervt, weil sich das Einkaufen durch mich länger hinzieht – und er hasst Einkaufen! Ich soll mich beruhigen, weil er mit dem Einkaufen fertig werden, nach Hause gehen und Fußball gucken will. Ich weiß, er liebt mich – und ich habe gerade letzte Woche eine Menge Sachen zum Geburtstag bekommen …«

Natürlich sind nicht alle älteren Kinder oder Erwachsenen fähig, sich ihrer Beziehungen derart bewusst zu werden. Viele Erwachsenen tappen aufgrund negativer Programmierungen im Hintergrund in dieselbe unterbewusste Falle und lassen ihr kritisches Denken außer Acht. Kleine Kinder sind zu solch einem Verständnis der Situation jedoch gar nicht fähig, weil sie, wie bereits gesagt, noch nicht bewusst denken können. In dieser Anekdote akzeptiert das fünfjährige Kind die Aussage des Vaters als »Wahrheit«. Mit zehn kann es die Situation jedoch als das erkennen, was sie ist. Bis dahin hat es allerdings sowohl von seinen Eltern als auch aus seinem Umfeld eine Menge negativer und geringschätziger Informationen in seinem Unterbewusstsein abgespeichert.

> Nichts von all den Programmierungen, die wir vor unserem sechsten Lebensjahr abgespeichert haben, entspringt unseren eigenen Wünschen, Sehnsüchten und Bestrebungen – alles stammt aus dem Beobachten unserer Eltern und unseres Umfelds. Und doch sind das die Programmierungen, die im Wesentlichen bestimmen, wie wir Beziehungen angehen.

Was hat all das mit dem Honeymoon-Effekt zu tun? Nichts von all den Programmierungen, die wir vor unserem sechsten Lebensjahr abgespeichert haben, entspringt unseren eigenen Wünschen, Sehnsüchten und Bestrebungen – alles stammt aus dem Beobachten unserer Eltern und unseres Umfelds. Und doch sind das die Programmierungen, die im Wesentlichen bestimmen, wie wir Beziehungen angehen. Das erklärt auch Beziehungsmuster: warum manche Menschen die Liebe offenbar immer an den verkehrten Orten suchen und warum andere in Beziehungen einfach nur Glück zu haben scheinen. Bei den meisten Menschen (außer jenen, die erleuchtete Eltern hatten) gilt es, diese Programmierungen aufzulösen, bevor sie den Honeymoon-Effekt an jedem Tag ihres Lebens genießen können.

1. Seien Sie sich bewusst, worum Sie bitten

Im Lauf der Jahre haben Margaret und ich durch persönliche Erfahrung als wahr erkannt, was wir schon oft gehört hatten: Um uns selbst zu helfen und um das Universum darin zu unterstützen, uns zu helfen, ist es wichtig, ein genaues Bild von dem zu haben, was man sich in seinem Leben wünscht. Wo unsere Ziele unklar sind, füllt das Universum die Lücken. Und leider entpuppt sich genau das, was sich dann im Detail zeigt, auf dem Weg zur Verwirklichung unserer Ziele oft als ein ernstes Hindernis.

Bevor Sie mit der Umprogrammierung beginnen, sollten Sie sich also bewusst fragen, was Sie wirklich wollen.

Früher habe ich den Leuten immer geraten, vorsichtig zu sein bei dem, was sie sich wünschen, weil sie es bekommen werden. Nachdem meine wundervolle Lebenspartnerin Margaret mich dann auf den negativen Beigeschmack dieser Formulierung hingewiesen hat, verwende ich lieber ihre Formulierung: Seien Sie sich bewusst, worum Sie bitten, denn Sie werden es bekommen!

Stellen Sie eine Liste dessen zusammen, was Sie sich in Ihrer Beziehung wünschen. Sammeln Sie möglichst viele Details – je mehr, desto besser. Durch diese Übung ist Ihr bewusstes Denken kreativ beteiligt. Alle Details, die Sie nicht erwähnen, werden vom Unterbewusstsein ausgefüllt, auf Grundlage dessen, was Ihre Eltern und Ihr Umfeld für eine gute Beziehung als notwendig erachteten.

Notieren Sie alles auf Ihrer Liste. Wie bereits gesagt, je mehr Details, desto leichter ist es für Ihr Bewusstsein und das Universum, Ihre Wünsche gemeinsam zu erfüllen. Statt »Ich wünsche mir eine tolle Beziehung« sollten Sie im Detail ausführen, was Sie wollen, und zwar im Präsens und unter Einbeziehung aller Sinnesebenen, so als hätten Sie es bereits: Wie sieht das aus? Wie fühlt es sich an? Wie klingt es?

Hier ist ein kleiner, unvollständiger Vorgeschmack: »Ich liebe meine zugewandte, aufgeschlossene, zärtliche, kluge Lebenspartnerin und ich fühle mich während unserer ruhigen gemeinsamen Abende voller Lachen, Geschichtenerzählen und gemeinsamer Interessen pudelwohl.« Indem Sie genau ausführen und ausstrahlen, was Sie wollen, werden Sie bewusste und unbewusste Verhaltensweisen an den Tag legen, die die gewünschte Art von Beziehung in Ihr Leben holen.

2. Prüfen Sie Ihre unterbewussten Programmierungen

Konzentrieren wir uns darauf, die Eigenschaften zu konkretisieren, die wir uns in einem Partner wünschen, lassen wir unweigerlich außer Acht, ob unser eigenes Verhalten, vor allem unsere unterbewussten Verhaltensweisen, eigentlich zu dem Partner, den wir uns wünschen, passen würden. Angenommen, jemand ist in einer Familie aufgewachsen, in der die Eltern nie liebevoll miteinander umgingen und viel stritten. Dieser Mensch ist vielleicht wild entschlossen, eine Partnerin zu finden, welche jene liebevollen Merkmale aufweist, die er nie beobachten konnte, nach denen er sich jedoch schmerzlich sehnt. Sein bewusstes Denken wird Verhaltensweisen generieren, die so eine Person anziehen, aber seine von seinen Eltern erworbenen dominanten, unterbewussten Verhaltensweisen schrecken möglicherweise unmerklich viele Bewerberinnen ab, die solche heiß begehrten Eigenschaften in sich tragen.

Wir sind uns unserer unterbewussten Verhaltensweisen in der Regel nicht bewusst, aber fallen sie uns dann doch einmal auf, erschrecken wir und sind beschämt. Durch unsere Blindheit gegenüber unserem eigenen Verhalten neigen wir dazu, andere für unsere gescheiterten Beziehungen verantwortlich zu machen. »Wie könnte jemand so Nettes wie ich die Quelle des Problems sein?« Ja, in unserem bewussten Denken sind wir die liebevollen Menschen, für die wir uns halten, aber ein Großteil unseres Lebens ist unsichtbar von unseren unterbewussten Programmierungen geprägt, die oft weniger liebevoll sind.

Also sollten Sie sich die Frage stellen: »Unterstützen meine unterbewussten Programmierungen die Sehnsucht meines Herzens?« Aber wie können wir wissen, welche Programmierungen wir haben, wenn sie doch meistens jenseits unserer Wahrnehmung ablaufen? Da der größte Teil davon abgespeichert wurde, bevor wir sieben Jahre alt waren, und da ein großer Teil unserer Persönlichkeit sogar schon vor unserer Geburt ausgebildet wurde, hat unser bewusstes Denken vielleicht keine Ahnung, was in unserem Unterbewusstsein abgespeichert ist. Wie können wir diese Programmierungen dann überprüfen?

Ist uns das Wechselspiel zwischen Unterbewusstsein und dem bewussten Denken erst einmal bekannt, ist das gar nicht so schwer. Da 95 Prozent unseres Verhaltens von unserem unterbewussten Autopiloten bestimmt wird und nicht von unserem bewussten Denken, entspricht unser Leben letztlich einem physischen Ausdruck unserer unterbewussten Verhaltensprogrammierungen.

Wer beispielsweise sein Leben lang Geldprobleme gehabt hat, kann sich, wie auch etliche Finanz-Gurus heutzutage empfehlen, die Programmierungen anschauen, die er in jungen Jahren über Geld empfangen hat, und darüber nachdenken, wie diese nach wie vor sein Leben bestimmen. In ihrem Buch »Trau dich, reich zu werden« schreibt Suze Orman: »Botschaften über Geld werden, abgenutzt und angestoßen wie altes Familienporzellan, von Generation zu Generation weitervererbt.«[8] Orman selbst lernte als Kind, dass ihre Eltern so »unglücklich schienen«, weil nie genug Geld da war, um die Rechnungen zu bezahlen, und nicht, weil sie einander nicht liebten: »In meinem Elternhaus bedeutete Geld Spannung, Sorgen und Kummer.«[9]

Sie können, ähnlich wie es die heute schwerreiche Orman tat, den größten Teil dieser negativen Programmierungen ändern. Und Sie brauchen dafür nicht Ihr ganzes Leben auf den Kopf zu stellen! Konzentrieren Sie sich auf die Bereiche, in denen Sie Hilfe brauchen. Vielleicht fällt Ihnen der Umgang mit Geld von Natur aus leicht, aber Beziehungen sind für Sie schwierig. Dann brauchen Sie an Ihren unterbewussten Programmierungen zum Thema Geld nichts zu ändern. Das, was Ihnen leichtfällt, wird offenbar von positiven unterbewussten Programmierungen unterstützt – deshalb erleben Sie es so. Doch alles, worum Sie ringen müssen, alles, was Sie schon oft erfolglos versucht haben – das sind die Bereiche, in denen es in Ihrem Unterbewusstsein höchstwahrscheinlich begrenzende, sabotierende Überzeugungen gibt, die umprogrammiert werden sollten.

Sie müssen also nicht alles ändern, und Sie müssen auch nicht zu einem Psychologen gehen, um alles zu verstehen. Sie brauchen sich nicht emotional auseinanderzunehmen. Sie brauchen sich nicht mit den Menschen zu beschäftigen, die an den Programmierungen »schuld« sind. Es ist nicht nötig, den Boten umzubringen; die Botschaft selbst muss umgeschrieben werden, denn diese verursacht Ihr Verhalten. Vergeuden Sie also keine Zeit damit, immer wieder über den Boten nachzudenken, denn das reaktiviert oft nur alte, schmerzhafte Gefühle. Sie brauchen sich nur darauf zu konzentrieren, die alten, unterbewussten Verhaltensprogramme umzuschreiben, die der Verwirklichung Ihrer Wünsche im Wege stehen.

Und hier noch eine Anmerkung: Vergewissern Sie sich, dass die grundlegende Überzeugung »Ich liebe mich« fest in Ihrem Unterbewusstsein verankert ist, bevor Sie eine liebevolle Beziehung anstreben. Ein Mangel an Selbstliebe ist, wie ich oben schon erklärt habe, für viele Menschen, die den Honeymoon-Effekt in ihr Leben holen wollen, ein wesentliches und enormes Hindernis.

3. Beginn der Umprogrammierung

Es gibt eine ganze Reihe von Techniken zum Umprogrammieren des Unterbewusstseins. Ich kann erzählen, was ich zur Auflösung meiner negativen Programmierungen gemacht habe (und es gab da viel zu tun), aber ich empfehle Ihnen, sich im Anhang dieses Buches und auf meiner Internetseite www.brucelipton.com zu informieren und herauszufinden, welcher Ansatz für Sie am besten funktioniert. Es gibt da kein Patentrezept. Mir kommt es vor allem darauf an, darüber zu informieren, welche destruktive Rolle die unterbewussten Programmierungen in unserem Leben spielen können, und ich hoffe, dass Sie dann den für Sie besten Weg finden, diese Programmierungen aufzulösen.

Bevor wir anfangen, unsere Verhaltensprogrammierungen umzuschreiben, ist es sehr wichtig, den Unterschied zwischen unserem bewussten und unserem unterbewussten Lernen zu verstehen. Sie meinen vielleicht, das Unterbewusstsein schließe sich automatisch an das an, was Sie bewusst neu erlernen. Falsch! Diese beiden Abteilungen Ihres Bewusstseins verhalten sich wie zwei eigenständige Einheiten und lernen auf unterschiedliche Weise.

Der kreative, bewusst denkende Teil Ihres Bewusstseins kann aus vielerlei Arten von Eindrücken lernen. Ein einfacher Aha-Effekt kann zu einer radikalen Änderung der Überzeugungen und der Lebensart führen. Das bewusste Denken kann neue Überzeugungen aus Kursen, Vorträgen und Büchern gewinnen oder aus Videos oder einer jahrelangen Psychoanalyse. Aber man kann dabei wie ich beim intellektuellen Lernen stecken bleiben. Die Fortbildung des bewussten Denkens führt nicht automatisch zu einer Umprogrammierung des Unterbewusstseins. In meinem Fall machte ich erst echte Fortschritte in meinem Leben, als ich mein intellektuell erworbenes Wissen nutzte, um meine unterbewussten Programme umzuschreiben.

Das bewusste Denken ist kreativ und kann mit Hilfe dieser schöpferischen Kraft lernen, doch das Unterbewusstsein lernt vor allem durch Hypnose oder Gewohnheitsbildung. Vor unserem siebten

Lebensjahr speicherte das Unterbewusstsein Unmengen an Überzeugungen, weil das Gehirn vor allem im empfänglichen Theta-Bereich agierte. Danach lernt das Unterbewusstsein vor allem durch Gewöhnung. Wie haben Sie einst das Alphabet gelernt? Indem Sie es ständig wiederholten, bis das Muster sich so eingeprägt hatte, dass Sie es auch unbewusst abspulen konnten. Wiederholungen führen zur Gewöhnung, das ist der wesentliche Mechanismus für die Programmierung unterbewusster Verhaltensmuster.

Als Sie beispielsweise Auto fahren lernten, war Ihr bewusstes Denken zunächst voll und ganz mit jedem Detail auf der Straße, mit dem Armaturenbrett, den Rückspiegeln und den Pedalen beschäftigt. Heutzutage setzen Sie sich ins Auto, drehen den Zündschlüssel und fahren los, während Ihr bewusstes Denken mit Ihrem Fahrtziel, der Party gestern Abend oder dem Gespräch mit Ihrem Beifahrer beschäftigt ist. Die meiste Zeit bemerken Sie gar nicht bewusst, was auf der Straße passiert. Wer fährt dann? Das Unterbewusstsein, mit Hilfe der Gewohnheiten, die Sie durch viele Wiederholungen entwickelt haben. Sie brauchen jetzt nicht ängstlich zu werden, weil Sie während des Autofahrens nicht bewusst sind, denn wie bereits erwähnt arbeitet das Unterbewusstsein eine Million Mal effektiver und verfügt über einen sehr viel leistungsstärkeren Prozessor als das bewusste Denken. Und wenn Ihr Wagen auf eine Kollision zusteuern sollte, wird das bewusste Denken durch die Ausschüttung von Stresshormonen sogar abgeschaltet, damit das viel schnellere und effektivere Unterbewusstsein die volle Kontrolle über die Situation erhält.

Hypnose und Gewöhnung sind die wesentlichen Mechanismen, mit deren Hilfe wir Verhaltensweisen im Unterbewusstsein verankern können. Deshalb haben bewusste Bemühungen wie gutes Zureden, Ratgeberlektüre oder Merkzettel am Kühlschrank oft so wenig Einfluss auf unerwünschte unterbewusste Verhaltensmuster, solange sie nicht regelmäßig wiederholt und damit zu einer neuen Gewohnheit werden.

a) Achtsamkeit/Gewohnheit

Als mir klar wurde, dass ich meine Programme umschreiben muss, legte ich mir als Erstes die Gewohnheit der Achtsamkeit zu – ich fing an, auf meine Gedanken zu achten! Achtsamkeit zielt darauf ab, alles Tun und alle Entscheidungen an den eigenen Wünschen und Bestrebungen auszurichten, also dem bewussten Denken und nicht dem unterbewussten Autopiloten.

Als ich anfing, darauf zu achten, merkte ich nicht nur, wie oft ich auf Autopilot schaltete, während mein bewusstes Denken abschweifte, mir fiel auch auf, wie oft dieser Autopilot von negativen und sich wiederholenden Gedanken bestimmt war. Laut wissenschaftlicher Untersuchungen sind 65 Prozent unserer Gedanken negativ und/oder redundant.[10]

Ein Weg, mit dieser Praxis anzufangen, besteht darin, die eigenen Gedanken bei alltäglichen Dingen zu beobachten, etwa beim Autofahren. Wie Sie schnell merken werden, ist die Zeit beim Warten an einer roten Ampel nicht einfach leer; uns gehen ständig Gedanken durch den Kopf. Als ich anfing, diese umherschwirrenden Gedanken zu beobachten, merkte ich, dass sie nicht der Wirklichkeit entsprachen, die ich erleben wollte, aber sehr wohl jener, die sich in meinem Leben darstellte (z.B. »Das schaffe ich nicht mehr rechtzeitig … Ich will da nicht hin … Dieser Verkehr ist schrecklich …«). Wie ich bereits erklärt habe, sind positive Gedanken zwar nicht ausreichend, aber ein guter Anfang. Also begann ich bewusst, jeden negativen Gedanken, der mir in den Sinn kam, so umzuschreiben, dass er einen positiven Dreh bekam, und versuchte gleichzeitig, bewusst in der Gegenwart zu bleiben. Aus dem häufigen Umschreiben eines bestimmten Gedankens wird so im Lauf der Zeit eine neue Gewohnheit, die diesen negativen Gedanken automatisch »korrigiert«, noch bevor er unsere bewusste Wahrnehmung erreicht.

Wenn in unserem Leben viel los ist, fällt es oft schwer, achtsam zu bleiben, denn unsere Gedanken flitzen in dem Versuch, sich um alles zu kümmern, ständig umher. Wegen dieser störenden »Geschäftigkeit« gilt die Achtsamkeit im Buddhismus als eine lebenslange Übung.

Wie Forscher der Harvard University 2010 festgestellt haben, verbringen Menschen fast die Hälfte ihrer wachen Zeit damit, an etwas anderes zu denken als an das, was sie gerade tun, und diese Geistesabwesenheit macht unglücklich (selbst wenn die Gedanken zu angenehmen Dingen abschweifen). Die Autoren der Studie schrieben:

»Es zeigt sich, dass der menschliche Geist ein abschweifender Geist und dass ein abschweifender Geist ein unglücklicher Geist ist. Die Fähigkeit, an etwas zu denken, was nicht passiert, ist eine kognitive Leistung, die einen hohen emotionalen Preis hat.«[11]

Dieser unglückliche Zustand der Geistesabwesenheit wird durch die Tatsache verschlimmert, dass unsere unsichtbaren unterbewussten Programmierungen währenddessen auch noch die Verwirklichung unserer Wünsche und Sehnsüchte sabotieren.

Im Zusammenhang mit diesem Buch ist das interessanteste Ergebnis dieser Harvard-Studie die Erkenntnis, dass Achtsamkeit während des Liebesaktes offenbar sehr viel leichter fällt. Während des Liebesaktes dachten die Probanden nur durchschnittlich 10 Prozent der Zeit an etwas anderes.[12] Das erklärt, warum es Paaren in den Flitterwochen so viel leichter fällt, sich bewusst zu verhalten. Indem wir »achtsam« bleiben – und zwar nicht nur beim Sex –, können sich die Wünsche und das Begehrte unseres bewussten Denkens in unserem Leben manifestieren und wir können uns den Honeymoon-Effekt in unserem Leben erhalten!

b) Hypnose/Unterschwellige Botschaften

Wenn wir aus tiefem Schlaf erwachen, springt die Frequenz des Gehirns vom langsamen, unbewussten Delta- zum höher schwingenden Theta-Bereich. Das ist der Gehirnzustand, der für die oben beschriebenen Imaginationen empfänglich ist. Hier spielen sich auch Dämmerzustände ab, in denen die wirkliche und die Traumwelt übergangslos ineinanderfließen.

Erfahrungen dieses Frequenzbereichs verbinden Imagination und Realität, wie wir es besonders von Kindern unter sieben Jahren kennen. Als Erwachsene erleben wir Theta-Zustände zum Beispiel, wenn uns ein Radiowecker weckt und sich die Worte des Sprechers im Radio mit unserem gerade noch erlebten Traum vermischen.

Mit dem Wacherwerden schwingt sich die EEG-Aktivität zu Alphawellen auf, deren ruhiges Bewusstsein uns den Tag langsam starten lässt. Bis wir dann bei der Arbeit sind, dominieren in unserem Gehirn bereits hoch schwingende Betawellen. Beim Nachhausekommen am Abend sinkt unsere Gehirnfrequenz hoffentlich wieder ab und wandert vom Beta- über den Alpha- und Theta-Bereich, bis wir in Delta wieder tief schlummern.

Dieses Auf und Ab der EEG-Frequenzen bedeutet, dass unser Gehirn zweimal pro Tag durch den programmierbaren Theta-Bereich geht. Wir haben also jeden Tag zweimal die Möglichkeit, in einem Zustand natürlicher Hypnose unsere unterbewussten Programme zu beeinflussen. Meditation kann, wie etliche Untersuchungen aufgezeigt haben, diesen Theta-Bereich erweitern.

2009 wurden in einer Studie erfahrene Meditierende der Acem-Meditation, einer in Norwegen entwickelten, nicht direktiven Laut-Meditation, aufgefordert, sich zunächst 20 Minuten auszuruhen und dann 20 Minuten zu meditieren. Während der Meditation wurde »ein deutlicher Anstieg der Thetawellen« festgestellt, vor allem im vorderen und mittleren Teil des Gehirns.[13]

Sobald ich erfuhr, dass Kinder in ihrem hypnagogischen Zustand ungeheure Mengen an Informationen abspeichern, beschloss ich, das selbst auszuprobieren, indem ich Kassetten mit unterschwelligen Botschaften hörte, die meinem Unterbewusstsein positive Gedanken und Überzeugungen einflößen sollten. Ich wählte ein Produkt von Louise Hay (jener großen alten Dame der Selbstheilung, die nebenbei bemerkt auch die amerikanische Originalausgabe dieses Buches herausgibt), das Stress abbauen und Geduld fördern sollte. Die Kassette begann mit einer Entspannungsübung, die das bewusste Denken beruhigen und den Zuhörer dann in den entspannten, programmierbaren Zustand der niedrig schwingenden Alpha- und Thetawellen versetzen sollte.

Als ich mir das Programm zum ersten Mal vor dem Schlafengehen über Kopfhörer anhörte, blieb mein bewusstes Denken die ganze Zeit aufmerksam und hörte der sich wiederholenden Botschaft der Kassette zu. Als ich die Kassette zum dritten Mal hörte, schlief ich schon vor dem Ende der Entspannungsübung ein. Irgendwann entspannte ich mich schon, sobald ich nur die Kopfhörer aufsetzte. Und während ich in die niederfrequenten Gehirnwellensphären eines Kindes entschwebte, wurde mein Gehirn kontinuierlich mit positiven Gedanken gefüttert. Es war mühelos. Ich brauchte nur die Kopfhörer aufzusetzen, und schon schlief ich ein.

Die Veränderungen waren zunächst kaum merklich – mir ging kein Kronleuchter auf. Aber irgendetwas war nicht mehr ganz so wie vorher. Es war besser. Erst nach einer Weile konnte ich rückblickend anhand der jüngsten Begebenheiten in meinem Leben feststellen, wie sehr sich mein Verhalten geändert hatte.

c) Energetische Psychologie

Als Nächstes fing ich an, mein Unterbewusstes mit einer neuen Methode umzuprogrammieren, die »Energetische Psychologie« genannt wird. Wie Sie im Quellenverzeichnis dieses Buches sehen, gibt es viele verschiedene Versionen der Energetischen Psychologie. Doch trotz der großen Bandbreite an unterschiedlichen Modalitäten ist eines klar: Energetische Psychologie kann innerhalb von Minuten zu radikalen Verhaltensänderungen führen, die in vielen Fällen auch das unterbewusst programmierte Verhalten ändern.

Ich liebe diese neuen Technologien, weil sie die bisherige (verhaltenskontrollierende) Überzeugung, Veränderungen seien schwierig, untergraben. Ich erkenne diese Annahme jetzt deutlich als einfach ein weiteres Ohnmacht erzeugendes Glaubensmuster, das Veränderungswillige entmutigt. Wunderbarerweise stehen uns diese neuen psychologischen Instrumente zu einer Zeit zur Verfügung, in der die Evolution die Menschheit zwingt, sich *jetzt* zu ändern. Wir haben nicht mehr jahrelang Zeit, unser menschliches Verhalten zu überdenken.

Wir kennen zwar noch nicht den Mechanismus, mit dem sich die Geschwindigkeit der Verhaltensänderungen erklären ließe, aber Fakt ist, dass diese Veränderungen echt und anhaltend sind. Ich persönlich bin am besten mit dem PSYCH-K®-Prozess zur Änderung von Glaubenssätzen nach Rob Williams vertraut. Ich weiß, dass PSYCH-K® wirkt, denn es hat mein Leben radikal verändert. In den letzten Jahren habe ich zudem von Hunderten von Menschen aus aller Welt gehört, denen es mit PSYCH-K® gelungen ist, ihr Leben in die Hand zu nehmen.

Bis vor Kurzem waren die guten Ergebnisse dieser Energieausgleichsarbeit lediglich eine subjektive Erfahrung Einzelner. Doch die messbaren objektiven Daten der neuen dreidimensionalen Gehirndarstellungsmethoden der Quantitativen Elektroenzephalografie (QEEG) und der Low Resolution Electromagnetic Tomography (LORETA) zeigen nachweislich schon nach einer einzigen zehnminütigen PSYCH-K®-Behandlung deutliche und anhaltende Veränderungen im Gehirn.[14] PSYCH-K® ruft entsprechend diesen Untersuchungen einen »ganzheitlichen Gehirnzustand« hervor, bei dem die linke und die rechte Gehirnhälfte zusammenarbeiten. Diese funktionale Situation wird auch »hemisphärische Synchronisation« genannt. In unserem normalen Wachzustand neigen wir dazu, vor allem von unserer linken Hemisphäre aus zu agieren, die primär mit logischem Denken beschäftigt ist. Die rechte Gehirnhälfte hingegen befasst sich mit der Verarbeitung von Emotionen. Bei Dominanz der linken Gehirnhälfte neigen wir dazu, unsere emotionalen Impulse mit Logik und Vernunft zu überlagern.

Dem Neurowissenschaftler Dr. Jeffrey L. Fannin zufolge wirkt diese ganzheitliche Gehirnaktivität nicht nur heilend auf Körper und Psyche. Wie Dr. Fannins Studien aufzeigen, ist ganzheitliche Gehirnaktivität »ein Tor zu höherem Bewusstsein«, ähnlich einem Zustand des Super-Lernens mit höherer Funktionalität und spiritueller Bewusstheit.[15] Der PSYCH-K®-Prozess funktioniert jedoch nicht bei jedem gleich gut. In Wahrheit gibt es keine Methode, die für alle Menschen passt. Sollte einer der Prozesse im Anhang dieses Buches bei Ihnen nicht wirksam sein, geben Sie bitte nicht auf, sondern probieren Sie es mit einem anderen Ansatz!

4. Kommunikation

Es ist für den Honeymoon-Effekt für Paare unerlässlich, zu lernen, auf einer tiefen Ebene zu kommunizieren. Diese Kommunikation kann nur erfolgen, wenn beide Beteiligten die gleiche Art der Aufmerksamkeit pflegen. Sind sich beide der unterbewussten Hindernisse, die ihnen im Weg liegen, bewusst, können sie sich darauf konzentrieren, Auseinandersetzungen, die sonst leicht zu einem Streit führen würden, in eine Diskussion zu verwandeln: »Könnte es sein, dass du nicht gehört hast, was du gerade gesagt hast? Hast du das so gemeint? Oder ist das ein Tonband, das da in dir läuft? Ist das ein Verhalten, das du von deinem Vater abgeschaut und dir einprogrammiert hast?« All diese Diskussionsansätze bieten beiden Partnern die Chance, sich ihres unterbewussten Verhaltens bewusst zu werden und zu verstehen, wie ihre unterbewussten Muster die Beziehung belasten können.

Ist nur *einer* der Partner sich dieser Verhaltensprogrammierungen bewusst, wäre das, als würde man einer Mauer gut zureden, sich zu verändern. Wenn einer von beiden nicht an Veränderungen interessiert oder nicht dazu bereit ist, wird es auch keinen Wandel geben. Veränderungen erfordern gemeinsamen Einsatz!

5. Geduld

Wundern Sie sich nicht, wenn Sie in einer Woche an einen schwierigen Punkt in Ihrer Beziehung kommen und dasselbe Thema die Woche danach wieder auftaucht. Denken Sie daran: Sie versuchen, lebenslang eingeübte Muster zu verändern. Eine Beziehung ändert sich nicht über Nacht. Um dysfunktionale Muster aufzubrechen, braucht es Geduld – mit sich selbst, miteinander und mit den hartnäckigen Gewohnheiten, die immer wieder hochkommen. Können Sie die betreffenden Themen in Gesprächen anstatt in Streitereien abhandeln? Dann sind Sie bereits auf dem Weg in ein neues Leben.

Hier ist ein typisches Beispiel: Der Mann gerät mit der Frau in eine Auseinandersetzung und will nicht darüber reden. Die

Frau hingegen will alles genau auseinandernehmen. Das könnte schlimm enden, denn je mehr sie redet, desto tiefer vergräbt er sich in sein Schweigen.

Was mich betrifft: Als ich dann endlich eines Tages aus meinem Loch kroch, übernahm ich in einer solchen Situation die Verantwortung dafür, dass meine »Gewohnheit«, nicht zu kommunizieren, die Auflösung unserer Probleme hinauszögerte, und ich erkannte, dass Margaret aufrichtig versuchte, die Schlaglöcher zu reparieren, die sich in unserem Leben zeigten.

Als ich mich dann zu einem späteren Zeitpunkt ruhig und entspannt fühlte, erzählte ich Margaret, dass ich ihr zuhörte, selbst wenn ich in meiner gewohnheitsmäßigen Zurückgezogenheit verharrte und noch nichts erwidern konnte. Ich bat sie, Geduld mit mir zu haben. Ich bat sie, weiterzureden, während ich innerlich versuchte, aus meiner schädlichen Gewohnheit auszubrechen. Nach diesem Augenblick tiefer Erkenntnis konnte mein bewusstes Denken jedes Mal, wenn ich mich wieder so zurückzog, immer besser eingreifen und mein dysfunktionales Verhalten allmählich aufgeben. Nach einer Weile änderte die Wiederholung mein eingeschränktes Verhalten. Heute können wir leicht über alles reden, ohne unbewusste Reflexe auszulösen. Keine Konfrontationen mehr. Junge, ist das Leben dadurch leichter geworden. Yeah!

6. Übung

Wie oft haben Sie das Alphabet geübt, bis Sie es konnten? Wie oft haben Sie Autofahren geübt, bis es Ihnen leichtfiel? Genauso verschwinden unterbewusste Gewohnheiten nicht einfach, weil Sie sie wegscheuchen. Sie müssen die neue Gewohnheit einüben, bis sie automatisch abläuft. Eine Gewohnheit entsteht nicht durch einen Zettel an der Kühlschranktür. Eine Gewohnheit ist ein Verhalten, das Sie so lange eingeübt haben, bis es »sitzt«!

Die zuvor erwähnten Methoden werden Ihnen die Veränderungen bringen, nach denen Sie streben. Ich bin Wissenschaftler, und meine Beziehung mit meiner Partnerin Margaret, von der ich so viel gelernt habe, ist für uns beide ein andauerndes Experiment über die Beständigkeit des Honeymoon-Effekts und des »Happy Ends ohne Ende«. Ich kann Ihnen versichern, ich hätte dieses Buch nicht geschrieben, wenn dieses Experiment sich nicht bewähren würde!

Lösen Sie die Einschränkungen Ihrer unterbewussten Programmierungen auf, dann sind Sie frei für das Leben Ihrer Träume, frei für eine schöpferische Liebesbeziehung. Wenn Sie Ihrem Unterbewusstsein die Wünsche, Sehnsüchte und Bestrebungen Ihres bewussten Denkens einprogrammiert haben, können Sie in ständigen Flitterwochen leben. Selbst wenn Sie dann auf Autopilot schalten – was wir alle immer wieder tun –, werden Ihre früheren, zerstörerischen Verhaltensweisen nicht wieder auftauchen, weil Ihre unterbewussten Programmierungen jetzt Ihren bewussten Wünschen entsprechen. Sind alle vier *Minds* im Einklang miteinander, werden Sie und Ihr Partner bzw. Ihre Partnerin wieder zu jenen liebenswerten Personen, die Sie in den ersten Tagen Ihrer Beziehung waren.

Um die romantischen Konsequenzen dieses Einklangs zwischen Physiologie und Verhalten zu illustrieren, zeige ich auf S. 113 ein Bild der sieben Hauptchakras (Energiepunkte im Körper). Die drei unteren Chakras (Solarplexus-, Sakral- und Wurzelchakra) repräsentieren den Einfluss unserer körperlichen Biologie, vor allem unserer Physiologie, auf unser Leben. Die oberen drei Chakras (Kronenchakra, Drittes Auge und Kehlchakra) repräsentieren die Einflüsse unserer Psychologie auf unser Leben. Das mittlere ist das Herzchakra, das für bedingungslose Liebe zu sich selbst und anderen steht.

Sind alle sieben Chakras im Einklang, gibt es keine Energieblockaden – die Energie kann frei durch alle Chakras fließen. Das Herzchakra in der Mitte ist größer als die anderen, denn wenn wir unsere Physiologie und unsere Psychologie in Einklang bringen, wenn wir uns selbst lieben, damit auch andere uns und wir andere lieben können, wird sich unser Herz erweitern und sich für unseren

Partner und die Welt öffnen. Indem wir das Leben manifestieren, das wir wählen, statt des Lebens, für das wir von unserer Familie programmiert wurden, steht uns alles offen.

Willkommen zum Honeymoon-Effekt!

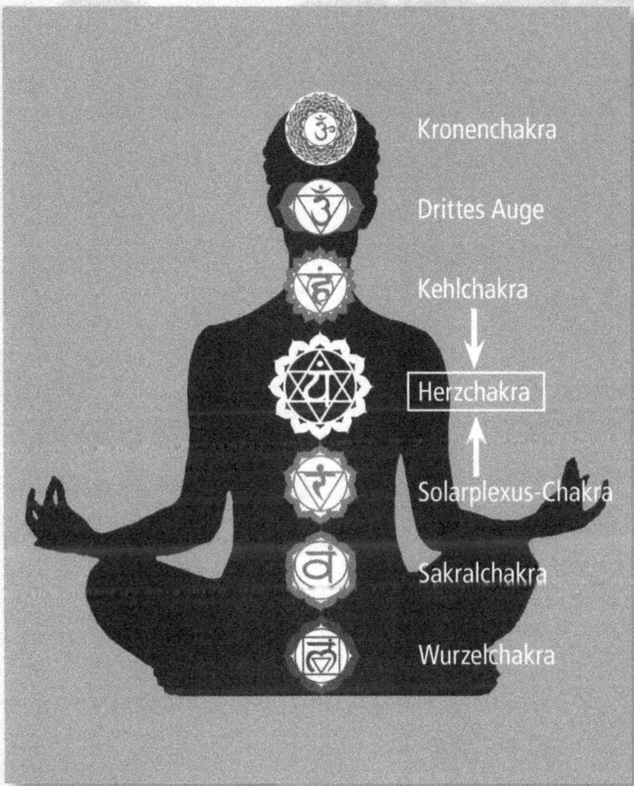

5.

Edelgase: Zur Verbreitung von Frieden, Liebe & Tulsi-Tee

Sei die Veränderung,
die du in der Welt
zu sehen wünschst.

Mahatma Gandhi

Ich hoffe, ich habe Sie in den vorigen Kapiteln davon überzeugt, dass Sie die Beziehung Ihrer Träume erschaffen können. In diesem Kapitel möchte ich Sie davon überzeugen, dass es beim Honeymoon-Effekt um mehr geht als nur um eine wundervolle Partnerbeziehung – es geht um »Edelgase«, die das heilende Leuchten der Liebe auf diesem Planeten verbreiten.

Edelgase

Um diese vollmundige Behauptung zu erklären, will ich noch einmal zur Chemie zurückkehren, und zwar nicht zum chemischen Gebräu der Liebesdrogen, die durch unser Blut strömen, wenn wir frisch verliebt sind (siehe drittes Kapitel), sondern zu den Atomen des Periodensystems, die uns vielleicht schon damals irritiert oder fasziniert haben, als wir ihnen im Chemie-Unterricht in der Schule zum ersten Mal begegnet sind. Mich haben sie jedenfalls fasziniert (Englisch dagegen weniger), und der Einblick in das Wesen des Universums, den die Ordnung der 118 Elemente des Periodensystems gewährt, bezaubert mich bis zum heutigen Tag.

Das Periodensystem ist ein Meisterstück geordneter chemischer Informationen über die Merkmale und Eigenschaften des physischen Universums. Vor allem faszinieren mich die außergewöhnlichen Eigenschaften der sechs Edelgase, die die ganz rechte Spalte der Tabelle bilden, auch »Gruppe 18« genannt. Zu den Edelgasen gehören Helium (He), Neon (Ne), Argon (Ar), Krypton (Kr … – nein, dieses Element hat nichts mit Supermann zu tun), Xenon (Xe) und Radon (Rn). Das auffälligste Merkmal dieser geruch- und farblosen Gase: Sie sind die einzigen Elemente des Periodensystems, die keine chemischen Verbindungen eingehen (außer unter ganz speziellen Umständen).

Die anderen 112 Elemente verbinden sich bereitwillig miteinander, um die Moleküle zu bilden, aus denen Sterne, Planeten und die Biosphäre bestehen. Der Grund, warum Atome »Chemie« machen – vor allem, warum Atome natürlich dazu neigen, sich

Die anderen 112 Elemente neben den Edelgasen verbinden sich bereitwillig miteinander, um die Moleküle zu bilden, aus denen Sterne, Planeten und die Biosphäre bestehen.

miteinander zu verbinden –, lässt sich mit einem Vergleich der Struktur der Edelgase mit der Struktur der anderen Elemente erklären.

Die Protonen eines Atoms haben eine positive Ladung, die Elektronen haben eine gleichwertige negative Ladung. Die Anzahl der positiven Protonen entspricht der Anzahl der negativen Elektronen eines Atoms, weshalb jedes Atom elektromagnetisch neutral ist. Die Magie der Chemie, aus der das gesamte Universum hervorgeht, beruht nicht auf der Anzahl der geladenen Teilchen in den Atomen, sondern auf ihrer Verteilung. Während sich die Protonen im Zellkern zusammenballen, kreisen die Elektronen wie Satelliten um diesen Nukleus.

Ganz simpel ausgedrückt sind diese kreisenden Elektronen in konzentrischen Schichten (Hüllen oder Schalen) um den zentralen Nukleus angeordnet. Jede Hülle kann nur eine bestimmte Anzahl von Elektronen aufnehmen (die erste 2 Elektronen, die zweite 8 Elektronen, die dritte 18 Elektronen, die vierte 32 Elektronen und die fünfte 50 Elektronen). Mit Ausnahme der ersten bestehen alle Hüllen aus mehreren Unterhüllen. Wenn eine Hülle oder Unterhülle mit der maximalen Anzahl von Atomen gefüllt ist, werden zusätzliche Elektronen der nächstäußeren Hülle zugeordnet. Wenn auch diese Schicht gefüllt ist, kommt die nächstäußere dran, und so weiter.

Doch es gibt einen Haken bei der Sache: Atome wirbeln wie Nano-Tornados. Wenn eine Hülle nicht mit der maximalen Anzahl von Elektronen besetzt ist, bekommt das Drehmoment des Atoms eine Art Unwucht. Das lässt sich an einer einfachen Analogie verdeutlichen: Was passiert, wenn man eine zusammengeknäuelte, nasse Decke in der Waschmaschine schleudern will? Die Maschine beginnt, heftig und unregelmäßig zu wackeln. Eine nicht ganz gefüllte Elektronenhülle erzeugt in einem wirbelnden Atom auf der Nano-Ebene einen ganz ähnlichen Effekt.

In unserer Waschmaschinen-Analogie werden wir dann wahrscheinlich die Maschine anhalten, die Tür öffnen und versuchen, die Decke gleichmäßig in der Maschine zu verteilen. Wenn wir sie dann wieder starten, schleudert sie in friedlichem, ruhigem Gleichgewicht. Die 112 verschiedenen Elemente, deren Elektronenhüllen unvollständig sind, streben im gleichen Sinne nach einem Ausgleich ihrer »Unwucht«, indem sie mit Atomen mit einer komplementären Unausgewogenheit Verbindungen eingehen. Wenn es passt, drehen sich die beiden verbundenen Atome dann in perfekter Harmonie.

> Edelgase sind ganz besondere Elemente. Weil sie sich bereits harmonisch drehen, streben sie unter gewöhnlichen Umständen keine Verbindungen mit anderen Elementen an.

Die chemische Aktivität eines Atoms wird also von der Anzahl der von Elektronen besetzten Hüllen und dem Status der äußersten Elektronenhülle bestimmt. Edelgase sind ganz besondere Elemente, weil nur bei ihnen die äußerste Elektronenhülle vollständig besetzt ist. Weil sie sich bereits harmonisch drehen, streben sie unter gewöhnlichen Umständen keine Verbindungen mit anderen Elementen an und sind daher chemisch inaktiv.

Im Gegensatz dazu kommt in den chemischen Verbindungen der anderen 112 Elemente das Bestreben der Atome nach Ausgleich zum Ausdruck.

Chemische Verbindungen entsprechen demnach co-abhängigen Beziehungen, in denen die Atome voneinander abhängig sind und einander »brauchen«, um in Frieden und Harmonie zu existieren. Das Schlüsselwort hier ist »brauchen«.

> In den chemischen Verbindungen der anderen 112 Elemente kommt das Bestreben der Atome nach Ausgleich zum Ausdruck. Chemische Verbindungen entsprechen co-abhängigen Beziehungen, in denen die Atome voneinander abhängig sind, um in Frieden und Harmonie zu existieren.

Betrachten wir einmal die Merkmale eines Natrium- und eines Chlor-Atoms, die ein perfektes Paar bilden (siehe Abbildung S. 118).

Chlor (Cl) hat insgesamt 17 Elektronen, die drei Hüllen besetzen: zwei in der innersten Hülle (maximale Besetzung), acht in der zweiten Hülle (maximale Besetzung) und sieben in der äußersten Hülle. Um ein ausgeglichenes Drehmoment herzustellen, bräuchte Chlor ein zusätzliches Elektron, um seine äußerste Hülle zu füllen (siehe Pfeil B).

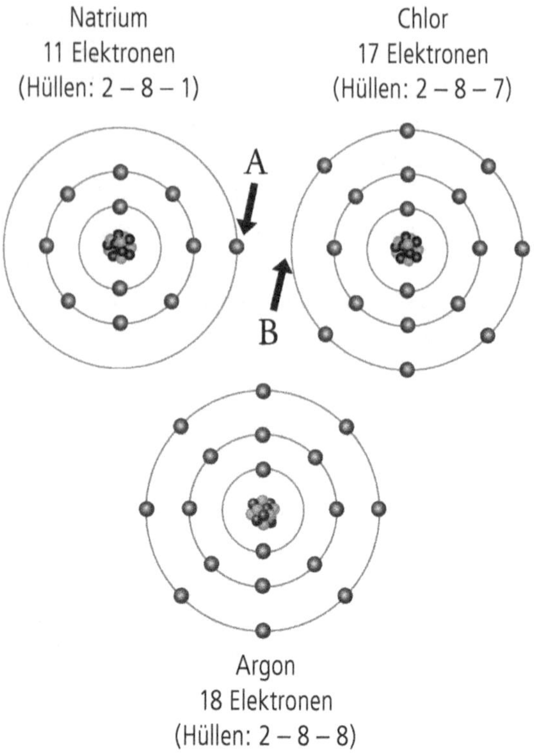

Eine einfache Darstellung eines Natrium-, eines Chlor- und eines Argon-Atoms. Der zentrale Zellkern besteht aus einem Cluster positiv geladener Protonen und ladungsneutraler Neutronen. Um den Nukleus herum sind die Elektronen schalenförmig verteilt und bilden damit die sogenannten Elektronenhüllen. Das Argon-Atom dreht sich gleichmäßig, weil seine äußere Hülle vollständig besetzt ist. Im Gegensatz dazu drehen sich das Natrium- und das Chlor-Atom ungleichmäßig, weil ihre äußeren Elektronenhüllen unvollständig besetzt sind.

Im Gegensatz dazu hat Natrium (Na) insgesamt 11 Elektronen in drei Hüllen; zwei in der innersten Hülle (maximale Besetzung), acht in der zweiten Hülle (maximale Besetzung) und nur ein Elektron in der äußersten Hülle. Um sein Drehmoment auszugleichen, müssen der äußersten Hülle entweder sieben Elektronen zugefügt oder eines entnommen werden (siehe Pfeil A).

Sowohl beim Natrium als auch beim Chlor sind somit die äußeren Elektronenhüllen unvollständig. Ihr Drehmoment ähnelt also der Waschmaschine mit der zusammengeknäuelten Decke. Doch wenn Natrium und Chlor zusammenkommen, ereignet sich Chemie. Sie erfüllen die Neigung des Universums, durch Kombination zum Ausgleich zu finden, und stabilisieren sich. Indem sie eine sogenannte ionische Bindung eingehen, leiht das Natrium sein äußerstes Elektron dem Chlor, das damit seine äußerste Hülle vollständig besetzen kann (siehe Abbildung unten). Und voilà, durch ihre Paarung hat jedes Atom jetzt eine vollständige äußere Hülle und sie drehen sich gemeinsam in perfekter Balance. Dies ist eine Beziehung, die darauf beruht, dass die Partner die Bedürfnisse des anderen erfüllen.

Natriumchlorid

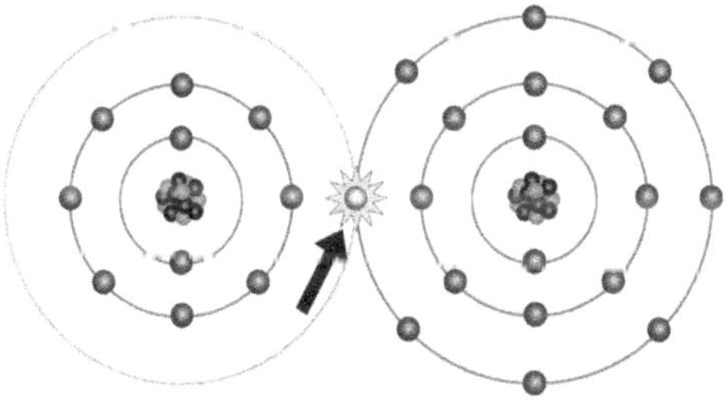

Wie im letzten Kapitel bereits erklärt, sind wir praktisch alle durch unsere nicht ganz optimale, konventionelle familiäre und kulturelle Prägung psychologisch »unausgeglichen«. Als derart unausgeglichene Individuen neigen wir dazu, das Gleiche zu versuchen wie die Atome: Wir suchen uns einen komplementären Partner, der ebenfalls im Ungleichgewicht ist. Wenn zwei Partner sich in ihrer Unausgeglichenheit ergänzen, können sie sich gemeinsam »harmonisch« drehen.

Während unser bewusstes Denken nach Partnerschaften mit Personen strebt, die unsere Wünsche erfüllen, sucht unser Unterbewusstsein nach Personen, die zu dem passen, was unbemerkt im Ungleichgewicht ist. In einer extrem co-abhängigen Beziehung kann das die genussvoll Schmerz zufügende Sadistin in Verbindung mit einem Masochisten sein, der es genießt, Schmerz zugefügt zu bekommen.

Als unausgeglichene Individuen neigen wir dazu, uns einen komplementären Partner zu suchen, der ebenfalls im Ungleichgewicht ist.

Menschen, die unbewusst solche co-abhängigen Beziehungen eingehen, verlieren zwar keine Elektronen, aber meinen oft, in der Gemeinschaft mit dem Partner, den sich das Unterbewusste ausgesucht hat, fast den Verstand zu verlieren. Droht dieser Albtraum einer Partnerschaft jedoch auseinanderzubrechen, wollen sie den anderen um keinen Preis gehen lassen. Obwohl sie wissen, dass ihr Partner sie nicht gut behandelt, wollen sie ihn nicht aufgeben, weil sie mit ihm allem Leiden zum Trotz eine Art von Gleichgewicht erfahren. Das ist die Definition einer co-abhängigen Beziehung.

Ich habe ja schon jene Frau aus meiner Zeit in der Karibik erwähnt, die ich verrückt gemacht habe, weil ich mich nicht mit ihr streiten wollte. Man kann sich ungefähr vorstellen, welcher Art die Programmierung aus ihrer Kindheit war, die dafür sorgte, dass sie Liebe derart mit Streit und Geschrei verband. Menschen neigen zu dem, was sie als Liebe erkennen. Selbst wenn es so perverse Formen von Liebe sind, wie ich sie im ersten Kapitel beschrieben habe, entgehen wir nicht dem biologischen Trieb zur Paarbildung und dem biologischen/psychologischen Drang hin zu dem, was man als Liebe empfindet. Um ihr Gleichgewicht herzustellen, brauchte diese Frau jemanden, mit dem sie streiten konnte. Sosehr sie sich auch über ihren vorigen Partner beklagte, wollte sie sich doch nicht ändern – unbewusst suchte sie nach wie vor nach schlechter Behandlung. Und wenn ich eines im Leben gelernt habe, dann dies: Wir können andere Menschen nicht ändern. Zumindest solange er oder sie nicht darum bittet, sind alle Bemühungen höchstwahrscheinlich vergebens.

Es ist in diesem Buch wohl deutlich geworden, dass ich selbst auch kein Vorbild der Ausgeglichenheit war. Wie mir jene andere Frau in der Karibik gesagt hatte, war ich sehr »bedürftig«. Ich suchte zwar verzweifelt nach einem Weg, mich meinem biologischen Drang entsprechend zu verbinden und Ausgleich zu finden, doch ich suchte die Liebe an lauter falschen Orten. Genauer gesagt suchte ich, ähnlich wie jene Frau, für die Lieben Streiten bedeutete, die Liebe an genau den »richtigen« Orten, nämlich entsprechend den negativen Programmierungen meines Unterbewusstseins. Ich suchte unbewusst nach einer co-abhängigen Beziehung, die mein Leben ins Gleichgewicht bringen sollte.

Edelgase: Laser und Liebe

Betrachten wir einmal das chemische Äquivalent jenes besseren Wegs, den ich im letzten Kapitel beschrieben habe. Wenn unser bewusstes Denken und unser Unterbewusstsein im Einklang sind, sind wir kein Natrium-Atom mehr, das verzweifelt nach einem Chlor-Atom sucht, sondern drehen uns als Edelgase im perfekten Gleichgewicht und »brauchen« daher kein anderes Element, um uns ausgeglichen zu fühlen.

Jetzt meinen Sie vielleicht, Edelgase seien doch wohl merkwürdige Vorbilder für den Honeymoon-Effekt, und ich gebe zu, sie wirken auf den ersten Blick eher wie Ayn Rand [amerikanische Schriftstellerin und Verfechterin einer radikal individualistischen Philosophie (Anm. d. Übers.)] als wie Rumi. Armes Argon, armes Neon und all ihr anderen, nie werdet ihr wahre Liebe erfahren, weil ihr euch so gut alleine dreht, dass ihr keine Partner braucht!

Es stimmt tatsächlich: Menschen, die sich wie Edelgase im Gleichgewicht drehen, lassen die Chance, eine dysfunktionale Beziehung einzugehen, ungenutzt vorüberstreichen. Unausgeglichene Atome können sie umtanzen, wie sie wollen, die Edelgase fühlen sich davon nicht angezogen und drehen sich lieber weiter alleine vor sich hin. In meinen Vorträgen sage ich gerne: »Edelgase können den Fiesling lieben, aber sie werden sich nicht an ihn binden.«

Und richtig ist auch: Edelgase können sehr glücklich alleine leben. Als ich meine negativen, unterbewussten Programmierungen umgeschrieben hatte (und nach wie vor tauchen ab und zu Überreste auf), fand ich Frieden mit mir selbst. Endlich bestand ich den »Ich liebe mich«-Test und spürte zum ersten Mal in meinem Leben, dass ich nicht unbedingt eine Partnerin brauchte, um mich *ganz* zu fühlen. Es folgte eine lange Zeit, in der ich tatsächlich keine Partnerin hatte und nichts vermisste. Ich lebte ein Leben voller Leidenschaft, indem ich die Botschaft der neuen Wissenschaft verbreitete, dass die Gene weder unser Leben noch unsere Beziehungen bestimmen. Ich pflegte begeisterte Verbindungen mit gleichgesinnten Freunden – ich erfuhr den Honeymoon-Effekt im Alleinflug.

Edelgase können den Fiesling lieben, aber sie werden sich nicht an ihn binden. Und sie können sehr glücklich alleine leben.

Aber, beharren Sie jetzt vielleicht, können Edelgase überhaupt Beziehungen eingehen, wenn sie sich doch so gut alleine drehen? Die Antwort lautet: »Und wie!«

Um diese überraschende Antwort zu verstehen, müssen wir ein weiteres Merkmal der Edelgase beleuchten: ihre Fähigkeit, Eximer zu bilden. Eximer ist die Kurzform für »excited dimer« [dt. »angeregtes Dimer«; Dimer = Molekül oder Molekülverbund aus zwei identischen Untereinheiten (Anm. d. Übers.)] und bezeichnet eine besondere Art der chemischen Verbindung zwischen zwei Atomen, die sich in ihrem normalen Zustand nicht verbinden würden.

Wird ein Edelgasatom von einem Photon getroffen, verändert sich sein Zustand. Das Atom absorbiert die Energie des Photons und fängt durch diese zusätzliche Energie an, schneller zu schwingen. Das derart »erleuchtete« Edelgasatom wird also »angeregt«. Ein Edelgasatom in angeregtem Zustand strebt nach Bindung mit einem anderen Edelgasatom, um diese Anregung weiterzugeben! Angeregte Edelgasatome

Edelgase können Eximer bilden: Wird ein Edelgasatom von einem Photon getroffen, absorbiert es dessen Energie. In angeregtem Zustand strebt es nach Bindung mit einem anderen Edelgasatom, um diese Anregung weiterzugeben!

bilden also angeregte Dimer (= Eximer), die dann chemisch als Ar_2, Kr_2, Xe_2, He_2, Ne_2 und Rn_2 auftreten.

Im Gegensatz zur konventionellen »Chemie«, deren Stabilität und Gleichgewicht auf co-abhängigen Bindungen beruht, sind angeregte Edelgasatome wie Menschen, die zu selbstloser Liebe in einer Welt des Miteinanders und der Zuwendung bereit sind. Durch die Umwandlung meiner unausgeglichenen unterbewussten Programmierungen war ich aus meiner Sicht zu einem sich harmonisch drehenden »angeregten Mann« geworden, als Margaret in meinem Leben erschien und wir unser »Happy End ohne Ende«-Eximer erschufen (siehe Epilog).

Angeregte Edelgasatome sind wie Menschen, die zu selbstloser Liebe in einer Welt des Miteinanders und der Zuwendung bereit sind.

Das erinnert mich an den dokumentarischen Film »After Happily Ever After« (also in etwa: »Nach dem Happy End ohne Ende«), eine sehr unterhaltsame Betrachtung über die Ehe in den Vereinigten Staaten, wo wir zu 90 Prozent heiraten, aber nur 50 Prozent dieser Ehen Bestand haben. Stephanie Coontz, die Autorin von »In schlechten wie in guten Tagen. Die Ehe – eine Liebesgeschichte«, sagt darin:

»Dies ist das erste Mal in Jahrtausenden, dass es in einer Ehe nicht nur um Liebe geht, sondern auch um gegenseitige Achtung und gleiche Bedingungen für Männer und Frauen … Wenn eine Ehe gelingt, ist sie heutzutage gerechter, erfüllender und bietet ihren Beteiligten (Erwachsenen und Kindern) mehr Schutz als je zuvor in der Menschheitsgeschichte.«

In meinen Ohren klingt das nach einer perfekten Definition einer Ehe zwischen Edelgasen!

Die angeregte Beziehung eines Eximers bewirkt, dass es Energie in Form eines Photons abstrahlt. Eximer-Pärchen leuchten! Unter normalen Umständen haben diese leuchtenden, vereinzelten Eximer nur eine relativ kurze Lebensspanne. Doch wenn es in der Nähe andere Edelgasatome gibt, können diese das ausgestrahlte

Photon aufnehmen und ihrerseits angeregt werden. Das heißt, Eximer können die Bildung weiterer Eximer anregen. Dieses aufregende Merkmal der Edelgase führte zur Entwicklung des Lasers (Laser ist die Abkürzung für »Light Amplification by Stimulated Emission of Radiation«, dt. »Lichtverstärkung durch stimulierte Emission von Strahlung«).

Ein Laser ist eine mit Edelgasatomen gefüllte Röhre, die durch Energie angeregt werden. Die Energie stimuliert die Bildung von angeregten Edelgas-Dimern (Partnerschaften). Die aktivierten Eximer strahlen dann und sondern ihrerseits Photonen ab, die wiederum andere Edelgasatome anregen, Eximer zu bilden. Nimmt die Anzahl der aktivierten Eximer auf diese Weise zu, entsteht irgendwann eine Kettenreaktion, die durch die Produktion von immer mehr strahlenden Eximern zur »Lichtverstärkung« führt. Am Anfang ist nur ein schwaches Leuchten zu erkennen, doch je mehr die stimulierte Emission der Eximer-Strahlung zunimmt, desto heller und heller wird das Licht. Wenn die emittierten Photonen in Kohärenz gebracht werden, entsteht ein Laserstrahl, dessen Licht so stark ist, dass es eine Stahlwand durchdringen kann.

> Nimmt die Anzahl der aktivierten Eximer zu, entsteht irgendwann eine Kettenreaktion, die durch die Produktion von immer mehr strahlenden Eximern zur »Lichtverstärkung« führt.

Ich war einmal an der Produktion einer Laserlicht-Show beteiligt und kenne daher aus persönlicher Erfahrung die faszinierende Wirkung, die das Kaleidoskop von Farben, die Intensität und die Reinheit des Laserlichts auf das Publikum ausüben. »Erleuchtete«, edelgasartige Menschen können auf unseren ganzen Planeten eine ähnlich starke Wirkung ausüben, weil sie die Wahrheit der Worte des Unternehmers und Philanthropen Bharat Mitra erkennen, der sagt: »Im Herzen jedes Menschen lebt die Sehnsucht, an etwas teilzuhaben, das größer ist als er selbst.« Sie fühlen sich zueinander hingezogen, wie es Bharat Mitra (Yoav Lev) und seine Frau Bhavani (Holly B. Lev), die Gründer von ORGANIC INDIA, erfuhren, als sie eine Gemeinschaft gründeten, die dazu beiträgt, unsere Erde zu heilen (mehr dazu im Folgenden).

Man braucht kein hochrangiger Wissenschaftler, Klimaforscher, Friedensaktivist oder Zellbiologe zu sein, um zu erkennen, dass unsere Erde der Heilung bedarf. Es gibt einen Namen für das, was die Menschheit gerade erlebt: Wenn die Zellen unserer Körper anfangen, einander zu bekämpfen, nennen wir das eine Autoimmunerkrankung. Worunter die Menschheit, dieser Superorganismus aus sieben Milliarden Menschen, auf diesem Planeten gerade leidet, ist ein sehr schlimmer Fall von Autoimmunerkrankung.

Alle anderen Organismen der Biosphäre kooperieren miteinander, nur die Menschen nicht. Und gleichzeitig treiben wir durch unsere Trennung von der Natur unsere eigene Ausrottung voran. Vorhersagen wie die Prognose, es gebe in dreißig Jahren in den Meeren keine Fische mehr, klingen wie ein Science-Fiction-Albtraum, aber sie sind aus wissenschaftlicher Sicht durchaus wahrscheinlich und nur eine von vielen warnenden Aufrufen, unsere Lebensführung zu verändern. Seuchen, soziale Krisen, all die gegenwärtigen Probleme der Menschheit beruhen auf unserer Unfähigkeit, zu begreifen, dass wir mit unserer Umwelt auch uns selbst zerstören. Wie schon James Lovelock mit seiner Gaia-Theorie dargestellt hat, ist unser Planet ein ganzheitlicher, komplexer Superorganismus, und wir sind ein integraler Bestandteil davon. Durch die Zerstörung unserer Umwelt zerstören wir uns selbst.[1]

Wenn Mutter Natur die menschliche Zivilisation dafür verklagen würde, diese zerstörerische Autoimmunkrankheit über die Erde gebracht zu haben, würde die Verteidigung im Sinne der Darwin'schen Überzeugung gegen die generelle Verdammung der Menschheit vielleicht herausragende Gestalten wie Einstein oder Beethoven anführen. Doch sie käme damit nicht weit, denn in der Evolution geht es nicht um das Überleben der besten Individuen, es geht um die Auswirkungen der Art als Ganzes. In diesem Fall ist das kollektive Verhalten der sieben Milliarden Menschen auf diesem Planeten furchtbar und unmöglich zu verteidigen.

Die Optionen der Menschheit sind klar: Wir können weiterhin tun, was wir tun, und den gleichen Weg nehmen wie die Dinosaurier. Oder wir ändern unsere Art zu leben. Trotz unserer Neigung zur Zerstörung bin ich ein Optimist. Wie ich im ersten Kapitel erklärt habe, wird die Evolution durch die Bildung kooperativer Gemeinschaften vorangebracht. Ich glaube, unser heutiges Chaos wird uns (wenn auch nicht immer freiwillig) auf die nächste Stufe der Evolution heben, auf der liebevolle, kooperative Edelgase gedeihen.

> Die Evolution wird durch die Bildung kooperativer Gemeinschaften vorangebracht. Sie ist ein aktiver Prozess; jeder von uns muss daran teilnehmen.

Doch die Evolution ist kein passiver Prozess. Wir können uns nicht einfach bequem zurücklehnen, um irgendwann die Tür zu öffnen und in eine schöne neue Welt zu treten. Die Evolution ist ein aktiver Prozess, jeder von uns muss daran teilnehmen. Ich unterstütze nicht nur Lovelocks Gaia-Theorie, sondern auch seinen weisen Rat, alles »Wir-gegen-die-anderen«-Denken aufzugeben:

»Wenn wir alle gut mit der Erde leben und dieses Jahrhundert überleben wollen, müssen wir begreifen, dass es nicht ausreicht, für die Rechte der Menschen zu kämpfen. Wir müssen begreifen, dass wir und alle Lebewesen, von Bakterien bis zu Bäumen, von Amöben bis zu Walen, Teil dieses großen, lebendigen Systems Erde sind. Vor allem müssen wir persönlich handeln und nicht erwarten, dass andere unsere Pflicht erfüllen … Wir neigen viel zu sehr dazu, nach Sündenböcken zu suchen, nach Personen, die wir für die Umweltprobleme verantwortlich machen können; dabei sind wir alle verantwortlich. Wir bestimmen alles, was wir tun, und das gilt es im Bewusstsein zu halten.«[2]

Ich gebe zu, es ist nicht leicht, Lovelocks Rat zu befolgen, wenn man deprimierende Schlagzeilen über Ölkatastrophen und korrupte Unternehmer und Politiker liest. Ich finde es viel leichter, nicht auf Sündenböcke zu zeigen, wenn ich mich darauf konzentriere, wie die Edelgase ihren Beitrag zur Veränderung der Welt leisten. Deswegen will ich dieses Kapitel damit beenden, Ihnen ein paar Edelgase vorzustellen, denen ich auf meiner langen und faszinierenden Reise vom agnostischen zum spirituellen Wissenschaftler mit Freude begegnet bin.

Rosen, Tulsi & Würde

Als Margaret und ich die Einladung erhielten, nach Indien zu reisen, um Bharat Mitra (Yoav Lev) und Bhavani (Holly B. Lev) zu treffen, zögerten wir nicht lange. Wie hätten wir auch dem Vergnügen widerstehen können, dieses Paar persönlich kennenzulernen? Die beiden hatten die liebevolle unternehmerische Gemeinschaft ORGANIC INDIA gegründet, deren Philosophie ganz im Sinne von Gaia lautet: »Die Schöpfung ist eins. Die Erde ist eins. Wir sind eins.«

Wie viele Westler kamen Bharat Mitra (aus Israel) und Bhavani (aus den USA) als spirituell Suchende nach Indien. Dort fanden sie den Guru Shri H.W.L. Poonjaji (Papaji) und einen einfachen Lebensstil. Doch im Gegensatz zu vielen Pilgern blieben sie in Indien, ließen sich in Lucknow (der Hauptstadt von Uttar Pradesh, wo sie mit Papaji lebten) nieder und gründeten ORGANIC INDIA. Bhavani erzählt: »Wir fühlten uns berufen, in Indien eine Biorevolution anzuzetteln.«

Als erleuchtete Edelgas-Eximer regten Bharat Mitra und Bhavani andere »Edelgase« an, gemeinsam eine Gemeinschaft aufzubauen, um ihr Licht nicht nur miteinander, sondern auch mit dem Rest der Welt zu teilen.

Sie begannen mit ihrer Revolution 1997 in dem Ort Azamgarh. In den Sechzigern hatten viele Bauern dieser Gemeinde die hochtechnisierte »Grüne Revolution« willkommen geheißen, die von westlichen Unternehmen nach Indien gebracht worden war: Sie liehen sich Geld, um das verheißungsvoll angepriesene, genetisch modifizierte Saatgut von Monsanto, synthetischen Dünger und moderne Bewässerungsinstallationen zu kaufen, mit dem Ziel, den Hunger loszuwerden, der in Indien bis dahin als unvermeidbar galt. Zunächst schien es auch zu funktionieren. Der Gewinn nahm zu, und den zuvor armen Gemeinden und Bauern ging es besser.

Doch zu der Zeit, als ORGANIC INDIA in Azamgarh anfing, waren viele Bauern desillusioniert und verzweifelt. Ihre Felder waren zwar grüner geworden, hatten dabei aber so viel Grundwasser verbraucht, dass sie ihre Brunnen immer tiefer und tiefer graben und dafür immer mehr und mehr Geld leihen mussten. Die genetisch modifizierten Organismen und die petrochemischen Sprays hatten eine Umweltkatastrophe mit schrecklichen Konsequenzen bewirkt. Monsantos »Monsterpflanzen« beschleunigten die Auslaugung des Bodens, was zu Pilzerkrankungen und einer Invasion von Schädlingen führte. Die Bauern mussten sich mehr Geld leihen, damit sie mehr Pestizide kaufen konnten, um die immer resistenter werdenden Schädlinge abzuwehren. Im letzten Jahrzehnt nahmen sich fast 200.000 indische Bauern das Leben, weil ihre ausgelaugten Böden keine Ernte mehr trugen und sie kein Geld mehr leihen konnten; sie taten es vielfach, indem sie die Pestizide tranken, von denen ihnen versprochen worden war, dass sie ihnen und ihren Familien ein gutes Leben sichern würden.[3]

Als ORGANIC INDIA in Azamgarh auftauchte, misstrauten die Bauern zunächst diesen neuen Westlern, die sie schon wieder dazu bringen wollten, ihre Arbeitsweise von Grund auf zu ändern. Und sie zögerten auch aus praktischen Gründen, denn es braucht eine Umstellungszeit von mindestens drei Jahren, bis ein Feld zum biologischen Anbau zugelassen wird.

Doch der Bauer Kailash Nath Singh entschloss sich, es mit seinem kleinen, drei Morgen großen Hof trotzdem zu versuchen. Dieser kleine Schritt war höchst symbolisch: Singh kehrte nicht nur zu der Art zurück, wie seine Vorfahren das Land bearbeitet hatten, er baute darauf auch das alte Heilkraut Tulsi (auch Heiliges Basilikum genannt) an, das in der traditionellen indischen Medizin (Ayurveda) seit Jahrtausenden verwendet wird, um Körper und Geist zu heilen.

Durch die Unterstützung von ORGANIC INDIA in der Übergangszeit gibt es heute, fünfzehn Jahre später, in Azamgarh rund eintausend und in verschiedenen Regionen Indiens rund zwanzigtausend Biobauern. Die Geschichten, die diese dankbaren Bauern erzählen, sind sehr bewegend und zeugen von der Nachhaltigkeit der biologischen Landwirtschaft; sie erzählen von der zunehmenden Fruchtbarkeit des Bodens, gesünderem Vieh, weniger Fehlgeburten und gesunden Kindern. Kailash Nath Singh sagt: »Die biologische Landwirtschaft ist für unsere Familie ein echter Segen.

Die nachfolgenden Generationen werden großen Nutzen davon haben und erkennen, dass das Land trotz des ganzen Chemikalieneinsatzes seine Fruchtbarkeit nicht verloren hat.«

Ich kann gar nicht beschreiben, wie inspirierend es für Margaret und mich war, die Männer und Frauen auf den biologisch bewirtschafteten Feldern mit Tulsi, Flohsamen und den betörend duftenden Rosen (die zu ihrem wundervollen Tulsi Sweet Rose Tea verarbeitet werden) arbeiten zu sehen. Sie machen wirklich Heilungsarbeit für die Erde – ein Feld nach dem anderen. Bharat Mitra sagt dazu: »Sie haben nicht nur ein zuverlässiges Einkommen, sie leben nicht nur in einer gesunden Umwelt, sie haben nicht nur gesundes Vieh und sind nicht nur selbst bei deutlich besserer Gesundheit, sondern sie haben auch ihre Würde als Bauern wiedergewonnen. Wie wundervoll. Wie natürlich. Wie einfach.«

Die Ernte der Bauern wird in Lucknow verpackt und zu Verbrauchern in alle Welt (wie Margaret und mir) verschickt, die sich für biologische Produkte begeistern, und das bedeutet, ORGANIC INDIA leistet auch einen globalen Beitrag. Das Unternehmen wird von der Vision getragen, der Vermittlung von Bewusstheit zu dienen. Alle seine Transaktionen sollen sowohl den Mitarbeitern des Unternehmens als auch den Konsumenten der hochwertigen Produkte dienen. Bhavani erklärt: »Erst wenn wir alle erleben, dass wir alle dasselbe Bewusstsein miteinander teilen, gehen wir so miteinander um, dass jeder wichtig ist.«

Das neueste Projekt von Bharat Mitra und Bhavani ist AHIMSA (Gesellschaft für ganzheitliche integrative medizinische Wissenschaft in Aktion), eine unabhängige Forschungsstiftung einer Gruppe von »ganzheitlichen Medizinern, Wissenschaftlern, Forschern und visionären Sozialunternehmern«, die alle mit Edelgas-Integrität (Ausgeglichenheit) und Leidenschaft (Energie) zusammenarbeiten. Wie bei einem Laser ist das Ziel der AHIMSA-Eximer, zur Erleuchtung der Welt beizutragen. In selbstloser Liebe wollen sie das Gesundheitswesen von den wirtschaftlichen Interessen der Großunternehmen »befreien«, indem sie ganzheitliche

Heilmittel erforschen, die »in allen Menschen wahres Wohlbefinden inspirieren und fördern«.

Margaret und ich wurden eingeladen, AHIMSA beizutreten. Uns hat besonders die Langfristigkeit ihrer Vision beeindruckt. Während des Aufbaus der Organisation wurde zum Thema Nachhaltigkeit unter anderem die Frage gestellt: »Wie wird AHIMSA für die Enkel unserer Enkel aussehen?« Das ist eine Perspektive, die der nicht nachhaltigen »Grünen Revolution« der Landwirtschaft definitiv gefehlt hat, und wir fühlen uns sehr geehrt, zu einer Gruppe zu gehören, die die Gesundheit der einzelnen Menschen und des Planeten derart langfristig im Blick hat.

Bewusste Elternschaft

Ich gebe zu, dass ich seinerzeit nicht bereit war, Vater zu werden; ich hatte keine Ahnung, wie wichtig die Eltern (und nicht die Gene) für die Entwicklung der Kinder sind. Im Rückblick gibt es viele Dinge, die ich als Vater gerne anders gemacht hätte. Heute sehe ich, wie meine Töchter und meine Schwiegersöhne ihre Kinder bewusst aufwachsen lassen, sodass diese Kinder, im Gegensatz zu ihrem Großvater, nicht so viele negative Programmierungen werden umschreiben müssen. Ich frage mich oft, wie ich so unbewusst sein konnte, und denke daran, wie Bharat Mitras Beschreibung der biologischen Landwirtschaft auch als Beschreibung der bewussten Elternschaft gilt: »Wie wundervoll. Wie natürlich. Wie einfach.«

So einfach, dass man der britischen Psychotherapeutin Sue Gerhardt nur zustimmen kann, wenn sie in »Die Kraft der Elternliebe: Wie Zuwendung das kindliche Gehirn prägt« schreibt:

»Vor allem hat mich meine Forschungsarbeit davon überzeugt, dass, wenn der Wille und die Ressourcen vorhanden sind, der einer Generation zugefügte Schaden nicht auf die nächste Generation weitergegeben werden muss: Aus verletzten Kindern müssen nicht unausweichlich verletzende Eltern werden.«[4]

Schlechte Elternschaft muss keineswegs von Generation zu Generation weitergegeben werden, und die Bedeutung des Bruchs mit diesem Teufelskreis kann gar nicht hoch genug eingeschätzt werden.

Im letzten Kapitel habe ich darüber geschrieben, wie negative Programmierungen Beziehungen untergraben können, aber ich habe noch nicht erwähnt, welche enorme Bedeutung gute Elternschaft für unseren von Gewalt geplagten Planeten hat.

In den 1990er-Jahren fasste James W. Prescott, ehemaliger Leiter der »Abteilung für Menschliche Gesundheit und Kinderentwicklung« unserer nationalen Gesundheitsbehörde, seine Beobachtung zusammen, dass die meisten friedlichen Kulturen der Erde sich durch Eltern auszeichnen, die intensiven, liebevollen Kontakt zu ihren Kindern pflegen (z.B. ihre Babys den ganzen Tag an der Brust oder auf dem Rücken tragen). In diesen Kulturen wird auch die Sexualität von Jugendlichen als natürlicher Entwicklungsprozess betrachtet, in dem sie auf ihre Beziehungen als Erwachsene vorbereitet werden. Er stellte auch fest, dass Kinder (und Tiere) ohne die Erfahrung liebevoller Berührung unfähig sind, ihre Stresshormone zu kontrollieren, was eine Vorstufe zu gewaltvollem Verhalten ist. Prescott schreibt:

»Als Entwicklungsneuropsychologe habe ich der besonderen Beziehung zwischen Gewalt und Lustempfinden ausführliche Studien gewidmet. Ich bin inzwischen davon überzeugt, dass der Mangel an körperlich-sinnlichem Genuss die wesentliche Wurzel für Gewalt ist.«[5]

Prescotts überzeugende Forschungsarbeit wurde in unserer »hoch entwickelten« Gesellschaft weitgehend ignoriert. Der natürliche Prozess der Geburt ist ganz in die Hände der Medizin geraten. Neugeborene werden stundenlang von ihren Eltern getrennt; Eltern sollen ihre Kinder schreien lassen, um sie nicht zu verwöhnen; Eltern treiben kleine Kinder zu höheren Leistungen an, indem sie ihnen sagen, sie seien nicht gut genug; und Eltern meinen, das Schicksal ihrer Kinder sei ohnehin von ihren Genen bestimmt, und überlassen deren Entwicklung daher ihnen selbst. All diese unnatürlichen Verhaltensweisen von Eltern tragen dazu bei, dass die Gewalt auf diesem Planeten weitergeht.

Es war mühsam, die öffentliche Aufmerksamkeit dafür zu gewinnen, dass individuelle Ermächtigung (engl. »empowerment«), bewusste Elternschaft und globaler Frieden zusammenhängen, obwohl diese Zusammenhänge wissenschaftlich gut belegt sind.

Individuelle Ermächtigung (engl. »empowerment«), bewusste Elternschaft und globaler Frieden hängen zusammen.

Aber ich glaube, angesichts der gegenwärtigen globalen Krise, die in modernen Versionen traditionellen wissenschaftlichen Denkens wurzelt, wird die Botschaft von Frieden und Ganzheitlichkeit endlich Gehör finden. Die in meinem Buch »Intelligente Zellen« beschriebene Version der »neuen Wissenschaft«, diese Integration von Quantenphysik, Epigenetik und bewusster Elternschaft, hat zwei Auszeichnungen erhalten, durch die ihr Beitrag zur Förderung des Weltfriedens anerkannt wurde – ein Hinweis auf das zunehmende öffentliche Interesse an diesen Entwicklungen.

Die erste war 2009 der Goi Peace Preis, der jedes Jahr für »herausragende Beiträge für die Verwirklichung einer friedvollen und harmonischen Welt für alles Leben auf der Erde« vergeben wird. Hiroo Saionji, Präsident der Goi Peace Foundation, machte deutlich, dass die Botschaft der »neuen Wissenschaft« zur individuellen Ermächtigung mehr umfasst als nur die Stärkung des Einzelnen:

»[Diese] Forschungsarbeit … hat zu einem umfassenderen Verständnis des Lebens und des wahren Wesens der Menschheit beigetragen, indem sie weite Kreise der Öffentlichkeit inspiriert, ihr Leben selbst in die Hand zu nehmen und verantwortungsbewusste Mitschöpfer einer harmonischen planetaren Zukunft zu werden.«

Die zweite öffentliche Würdigung der »neuen Wissenschaft« war 2012 die »Thousand Peace Flags«-Auszeichnung der von den Vereinten Nationen unterstützten argentinischen Organisationen Mil Milenios de Paz (Tausendmal tausend Jahre Frieden) und der Fundacion PEA (Stiftung für Frieden, Ökologie und Kunst).

Es ist leicht, sich in seinem persönlichen Drama und seinen Bemühungen um das Gelingen von Beziehungen zu verstricken. Diese Auszeichnungen verweisen auf den viel umfassenderen, bedeutungsvollen Kontext dieser Bemühungen. Die »neue Wissenschaft« verheißt nicht nur eine Welt, in der es keine co-abhängigen Beziehungen und keine Notwendigkeit, sich darin mit vier verschiedenen *Minds* zu plagen, mehr gibt, sondern auch eine Welt ohne Gewalt, weil jedes Kind die Zuwendung erhält, die es braucht, um zu gedeihen und eine bessere Welt zu erschaffen.

Verbindungen von Edelgasen

Während ich dieses Buch schrieb, fragte ich die Menschen, mit denen ich im Internet in Kontakt stehe, ob irgendjemand die in »Intelligente Zellen« beschriebenen Prinzipien auf seine Paarbeziehung angewandt habe. Die Menge an positiven Rückmeldungen, darunter auch der folgende eloquente Brief, beeindruckte mich tief.

»Hallo Bruce,

Ihr Buch ›Intelligente Zellen‹ hat unsere Paarbeziehung fundamental verändert. Und das geschah so:
Ich saß auf meinem weichen Polstersitz und schaute verträumt aus dem Fenster, wo das Licht auf der Wasseroberfläche glitzerte. Der Zug nahm Fahrt auf und flog über die Gleise von Portland nach Bellingham. Ich hörte das Hörbuch ›Intelligente Zellen‹, und meine ganze Aufmerksamkeit galt Ihrer Stimme. Innerlich versuchte ich mir all die wichtigen Punkte zu merken, von denen ich zu Hause meinem Mann Martin erzählen wollte.
Er holte mich am Bahnhof ab, und noch bevor ich irgendetwas sagen konnte, erzählte er mir von dem tollen Buch mit dem Titel ›Intelligente Zellen‹, das er gerade durchgelesen habe.
Wir waren beide vollkommen perplex über diese Koinzidenz und beschlossen, es wäre Zeit, die ›Gleise‹ der unterschwelligen Gedanken

zu verlassen, die sich in unseren Köpfen abspielten. Ich nahm an einem PSYCH-K®-Workshop teil, da Sie dies als Methode zur Umprogrammierung des Unterbewusstseins empfehlen, und gab das Gelernte an Martin weiter.

Wir stellten eine Liste der Gedanken zusammen, die uns oft durch den Kopf gingen, und verwendeten den PSYCH-K®-Muskeltest, um sie auszugleichen. Als wir mit dem Prozess begannen, lebten wir vor allem in der Welt unserer Arbeit und nahmen uns nur wenig Zeit füreinander. Wir hielten das für normal und erkannten nicht, wie zwischen uns eine Distanz entstand. Durch unsere alten Überzeugungen befanden wir uns auf der Beziehungsspur, die uns unsere Eltern vorgegeben hatten. Ich konnte mir gut vorstellen, wie wir uns in ein paar Jahren wundern würden, weil wir einander so fremd geworden waren.

Jetzt verabschiedeten wir uns von den Überzeugungen, die uns nicht dienlich waren, und programmierten neue, nützlichere ein. Durch diese bewusste Umprogrammierung begaben wir uns auf einen neuen Weg. Wir verlangsamten unser Tempo und beschlossen, uns Jobs zu erschaffen, die unserer Kreativität mehr entsprachen. Vor einem Jahr wäre uns das sicher nie eingefallen.

Unsere Beziehung ist jetzt sehr viel reicher, und selbst wenn alte Programmierungen auftauchen, sind wir doch auf derselben Wellenlänge. Wir sind fähig, diese Dinge anzusprechen, und arbeiten gemeinsam daran, unser bestes Leben zu erkunden.

Marcy Criner«

Als ich vor der Veröffentlichung dieses Buches bei Marcy nachfragte, erfuhr ich, dass das Projekt, das sie mit ihrem Mann gestartet hatte – eine iPad-App, mit der Kinder Geschichten erfinden und schreiben können –, keine Startfinanzierung erhalten hatte.

Doch Marcy und Martin verloren sich nicht in Schuldzuweisungen wie: »Du hättest dies tun sollen …« – »Nein, *du* hättest das tun sollen.« Stattdessen beschlossen sie, ein neues Projekt zu entwickeln (einen Online-Kurs), für das sie nicht auf eine Finanzierung von außen angewiesen waren. Marcy erklärte, sie und ihr Mann hätten mit der Tatsache, dass das erste Projekt nicht finanziert werden konnte, umgehen können, weil sie nicht mehr dem Beziehungsmodell ihrer Eltern folgten, sondern eine Beziehung lebten, die sie bewusst gewählt hatten: »Wir waren in der Lage, alle Schuldzuweisungen zu unterlassen. Wir lächelten uns an und malten Bilder von den Lektionen, die wir durch dieses Projekt gelernt hatten.«

Letztlich werteten Marcy und Martin das Projekt doch als Erfolg, weil sie dadurch mit etlichen Menschen in Kontakt kamen, die sie ermutigten: »Wie sich herausstellte, ging es nicht um Geld. Es ging darum, dass Menschen zusammenfanden, die uns in unserer Vision unterstützen.«

Dies ist ein weiteres Beispiel für Edelgase, die einander mit ihrem Licht bereichern. Und es ist ein weiteres Beispiel dafür, wie das Internet Edelgasen aus aller Welt ermöglicht, miteinander in Verbindung zu treten.

Ich will nicht behaupten, ich wüsste, wie sich das Internet entwickeln wird (genauso wenig wie ich weiß, wie sich die Dinge hier auf dem Planeten entwickeln werden), aber ich weiß, dass Edelgase, die eine Organisation wie AHIMSA oder eine Initiative wie den »Arabischen Frühling« in Gang setzen, ihren Bewegungen durch das Internet enorme Beschleunigung verschaffen können. Das Internet entspricht dem menschlichen Nervensystem insofern, als es das Potenzial birgt, sieben Milliarden Individuen miteinander zu einem einzigen lebendigen Organismus namens Menschheit zu verbinden.

> Das Internet kann als Verbindungsweg einer harmonischen globalen Gemeinschaft dienen.

Jenen, die um die Bedeutung einer harmonischen globalen Gemeinschaft wissen, dient das Internet immer mehr als Verbindungsweg. Ich gehöre auch dazu. Ich habe mich entschlossen, meinem eigenen Rat zu folgen und nicht im Lehnstuhl auf die nächste Entwicklungsstufe der Evolution zu warten, sondern mich auf meinen Bürostuhl zu setzen und die Macht des Internets zu nutzen. Ich möchte nicht nur durch meine Bücher und Vorträge, sondern auch durch meine Website dazu beitragen, dass sich Edelgase in aller Welt miteinander verbinden. Wenn Sie eine Geschichte zu erzählen haben und sie gerne einer Welt mitteilen möchten, die nach Hoffnung und Licht strebt, dann können Sie sie mir unter bruce@brucelipton.com schicken, damit wir sie veröffentlichen. Über das Internet können wir miteinander eine Energie aufbauen, die Gaia zum Leuchten bringen wird.

»Klingt ja prima, Bruce«, denken jetzt vielleicht einige unter Ihnen, »aber sind Sie sicher, dass Gaia überleben wird?« Diese Frage wird mir oft gestellt, vor allem von Menschen, die das Chaos der heutigen Welt entmutigt. Ich bin kein Prophet, aber ich bin, wie gesagt, optimistisch, weil ich durch meine Arbeit so vielen Edelgasen begegne, die individuell und kollektiv die Welt erhellen. Wie im ersten Kapitel erklärt, gibt es in der Natur und in der Evolution sich wiederholende fraktale Muster, die Anlass zur Erkenntnis, Hoffnung und zur Vision einer nachhaltigen Zukunft geben.

Meiner Meinung nach wird die Krise, die wir gerade erleben, einen evolutionären Richtungswechsel erzwingen, so wie es Krisen in der Vergangenheit auch getan haben. Der Weg zur nächsten Sprosse der Leiter könnte holperig werden. Im Augenblick erleben wir den Zusammenbruch der religiösen, politischen, ökonomischen und akademischen Strukturen, die einst als stabil galten. Weil diese Strukturen zu einem alten, fehlerhaften Glaubensmuster gehören, müssen sie meiner Ansicht nach zusammenbrechen, damit wir hinauswachsen können über einschränkende Überzeugungen wie »Ich haue dich, bevor du mich haust« oder über die Überzeugung, Menschen seien das Ergebnis zufälliger Mutationen oder die Gene steuerten unser Leben.

Ich sitze hier und betrachte aufgeregt die Krisen, vor denen die Menschheit steht, denn ich halte sie für ein Zeichen, dass wir auf dem Weg zur nächsten Ebene der Evolution sind, auf dem Weg zu einem neuen Glaubenssystem, das auf Harmonie und Selbstermächtigung beruht. Ich kann nicht sagen, welche Konsequenzen es hätte, wenn sieben Milliarden Menschen beschlössen, aufzuhören, einander und den Planeten umzubringen, und die Verantwortung für den Superorganismus Menschheit zu übernehmen;

ich kann es genauso wenig, wie es für eine Amöbe vorhersehbar ist, was geschehen würde, wenn 50 Billionen von ihnen sich zu einem Menschenwesen zusammenschlössen. Eine Amöbe hätte sich unmöglich erträumen können, wie eine Rakete zum Mond fliegt oder wie ein Mobiltelefon oder ein Fernseher funktionieren. Genauso unmöglich ist die Prognose, was geschehen wird, wenn sieben Milliarden Menschen kollektiv erkennen, dass sie Teil der Menschheit, Teil eines erleuchteten Superorganismus sind. Doch ich weiß, es wird wundervoll sein, denn das menschliche Bewusstsein gehört zu den machtvollsten Elementen, die die Evolution auf diesem Planeten beeinflussen.

In dieser Zeit des Chaos rate ich Ihnen, der Versuchung zu widerstehen, sich abzuschotten oder zuzulassen, dass Ihr biologischer Trieb, sich zu schützen, Ihren biologischen Trieb nach Wachstum übertrumpft. Dies ist eine Zeit des Wachstums, eine Zeit, Dinge aufzunehmen, nicht, sich abzuschotten. Tun Sie, was Sie für nötig halten, um sich zu schützen (ich lagere zum Beispiel mehr Nahrungsmittel ein), aber lassen Sie es nicht beim Schutz bleiben. Die Verbindung mit anderen hilft, die Veränderung zu verwirklichen.

In dieser Zeit des Chaos rate ich Ihnen, sich weder abzuschotten noch es zuzulassen, dass Ihr biologischer Trieb, sich zu schützen, Ihren biologischen Trieb nach Wachstum übertrumpft. Dies ist eine Zeit des Wachstums. Die Verbindung mit anderen hilft, die Veränderung zu verwirklichen.

Ich verwende die Analogie der Metamorphose einer Raupe, um zu beschreiben, wo wir jetzt stehen. Eine Raupe besteht aus sechs bis sieben Milliarden Zellen. Jede Zelle ist ein fühlendes Wesen und in ihren Funktionen ein Äquivalent eines winzigen Menschen. Jede Zelle hat einen Job. Manche arbeiten im Verdauungssystem, andere im Muskelsystem etc. Es herrscht Vollbeschäftigung, und jede Zelle wird entlohnt. Die Raupe wächst. Ihre Ökonomie blüht. Alles befindet sich in einem wundervollen Wachstumszustand – glückliche Zeiten.

Dann hört die Raupe eines schönen Tages auf, zu fressen und sich zu bewegen. In der inneren Welt der Raupe schauen die Zellen sich um und sagen: »Was ist denn hier los?« Die Verdauungszellen werden arbeitslos, weil keine Nahrung mehr nachkommt. Die Muskelzellen verlieren ihren Job, wenn sich die Raupe nicht mehr bewegt. Und schließlich werden alle Zellen »entlassen«. Die Struktur, in der sie gelebt haben und die sie als Gemeinschaft kannten, zerfällt. Die Zellen geraten in Panik, viele begehen »Selbstmord« (Apoptose). Die hoch organisierte Struktur der Raupe wird zu einem Haufen unstrukturierter Zellen. »Oh, mein Gott, alles bricht zusammen!«

Aber einige Zellen, die sich genetisch nicht von den anderen unterscheiden, reagieren auf andere Weise. Mitten im Chaos erkennen diese imaginalen Zellen eine andere Vision und werden zu Anführern des Neuen. Plötzlich versammeln sich wieder Zellen, doch diesmal bilden sie etwas höher Entwickeltes als eine Raupe, und aus dem Zellhaufen erhebt sich ein prachtvoller, schwebender Schmetterling.

Ich glaube, die Menschheit befindet sich gerade im späten Raupen-Stadium, und die visionären imaginalen Zellen / Edelgase weisen den Weg zu einer besseren Zukunft. Ich kann nicht anders, als zu glauben, dass die Anzahl dieser imaginalen Zellen / Edelgase die kritische Masse erreicht und dass unser Planet heilen und zu einer höheren Lebensordnung finden wird. In meiner Vision sehe ich grüne, biologisch bewirtschaftete Felder, liebevolle Eltern, nachhaltig glückliche Paare und einen fantastischen neuen Schmetterling, der Laserlicht ausstrahlt.

Epilog:
Happy End ohne Ende

**Eine romantische Komödie
mit Bruce & Margaret**

• 1. Szene •

Frau trifft Mann …

Ich glaube, ich liebte dich von dem Moment an, als ich dich sah …, und die gemeinsam verbrachten vergangenen anderthalb Jahre haben meiner Liebe Zeit, Raum, Energie und echte Substanz gegeben und meine Seele genährt. Ich glaube, das macht dich zu Seelennahrung!

Ich liebe dich!
Margaret

(Aus dem Margaret-Bruce-Liebesbriefe-Archiv)

Margaret

Es war wie im Film, Liebe auf den ersten Blick, mitten in einem vollen Saal. Oder genauer gesagt, es war Liebe auf den ersten Stoß, mitten in einem vollen Saal. Ein Energiestoß, der mich buchstäblich nach Luft schnappen ließ.

Als ich 1995 bei der Internationalen Konferenz der Association for Perinatal and Prenatal Health zurück zu meinem Platz in der ersten Reihe ging, sah ich den Gründer der Organisation, Thomas Verny, mit jemandem sprechen, der mir den Rücken zuwandte. Während ich an dem Fremden vorbeiging, schnappte ich unwillkürlich nach Luft und legte reflexartig meine Hand auf mein Herz, weil ich dort so einen starken Energiestoß gespürt hatte.

Ich blieb stehen und sah mich um. Thomas und der Fremde schauten mich neugierig an, weil sie das Geräusch des Nach-Luft-Schnappens ebenso überrascht hatte wie mich. Ich schaffte es gerade so, »Hallo« zu sagen.

Ich ging zu meinem Platz und fragte mich: »Wow, meine Güte, was war das denn?« Der Veranstaltungssaal des San Francisco Cathedral Hill Hotels füllte sich um mich herum mit Hunderten von Zuschau-

ern, aber ich bemerkte es kaum. Ich starrte auf den Fußboden und versuchte, mich von meinem Herzsprung zu erholen. Das war jenseits von Anziehung oder Lust – das war eine ganz neue Ebene von guten Schwingungen – und ich hatte noch nicht mal sein Gesicht gesehen!

Schließlich sah ich auf und stellte fest, dass der Fremde mit anderen zusammen als Sprecher auf dem Podium saß; sein Name war Bruce Lipton. Am Ende der Veranstaltung, nachdem Bruce die Menge begeistert hatte, musste ich mich durch eine ganze Schlange von Menschen um ihn herum nach vorne durchdrängeln. Die ganze Zeit redete ich mir Mut zu und sagte mir: »Margaret, jetzt ist nicht der Zeitpunkt für Schüchternheit. Du musst diesen Typen einfach kennenlernen.« Als ich bei Bruce ankam, gab er gerade einer Frau, die ihm einen Scheck für eines seiner Videos zuschicken wollte, seine Adresse. Weil er als Ort La Honda, Kalifornien, angab, platzte ich heraus: »Sie wohnen in La Honda? Ich wohne auch in La Honda!«

Da hatte ich also diese unglaubliche körperliche, unwillkürliche Reaktion, als ich hinter diesem Menschen vorbeigegangen war, und er lebte nur wenige Minuten von mir entfernt in dem winzigen Ort La Honda.

Nicht allzu lange vor dieser Konferenz hatte ich beschlossen, mich (zum ersten Mal) für eine wirklich verbindliche, kommunikative und ausdrucksvolle Beziehung zu öffnen, aber weil ich das noch nie gehabt hatte, hatte ich keine Ahnung, wie ich das anfangen sollte. Also rief ich (nicht zum ersten Mal) das Universum an: »Also gut, Universum, ich will ein Zeichen, das so klar ist, dass ich ihm nachgehen werde!« Ich war überzeugt, dass ich dieses Zeichen gerade erhalten hatte.

Genau wie Bruce war in zu jener Zeit damit beschäftigt, mich selbst neu zu erfinden; wir hatten beide die uns bekannte Welt hinter uns gelassen. In meinem Fall war dies eine intensive und lohnenswerte, 16 Jahre währende Karriere bei der Summit Organization, einem führenden Unternehmen der kalifornischen Bewegung zur Förderung des menschlichen Entwicklungspotenzials. Ich hatte mich auch nach 13 Jahren aus der Beziehung mit meinem Mentor, dem Gründer von Summit, verabschiedet. Es fiel mir sehr schwer, die Summit-Familie hinter mir zu lassen. Ich hatte dort in meinen Zwanzigern angefangen, und jetzt war ich 39. Als das Unternehmen kurz nach meinem

Abschied seinen Betrieb einstellte und mein Expartner starb, konnte ich nicht mehr länger umhin, anzuerkennen, dass mein altes, geliebtes Leben vorüber war.

Bei Summit boten wir auch Workshops an, deren Kernbotschaft allen, die mit der Arbeit von Bruce vertraut sind, bekannt sein dürfte: »Wir sind für unser Leben selbst verantwortlich.«

Als ich Bruce das erste Mal sprechen hörte, kam es mir in der Tat so vor, als ob er genau die Arbeit, die ich 16 Jahre lang gemacht hatte, auf eine mir völlig neue Art beschrieb. Ich hatte die prozessorientierte Sprache der Human-Potential-Bewegung verwendet. Bruce sprach in der Sprache der Zellbiologie und Quantenphysik, aber ich erkannte begeistert (ein weiterer Grund, weshalb ich meinte, mein Zeichen erhalten zu haben), dass er von genau demselben sprach!

Ich liebte meine Arbeit bei Summit, ich liebte unsere Kunden, und ich liebte meine Kollegen, die alle, genau wie ich, eifrig Selbsterforschung praktizierten. Wir waren genauso dringend wie unsere Kunden daran interessiert, herauszufinden, warum unser Leben nicht so war, wie wir es uns wünschten. Angesichts meiner Leidenschaft für innere Arbeit überrascht es wohl nicht, dass ich nach meiner Zeit bei Summit vorhatte, meine Erfahrungen dort innerlich zu verarbeiten, um daraus zu lernen und mit offenem Herzen in den nächsten Abschnitt meines Lebens zu gehen.

Doch der erste Schritt war zunächst Druckabbau. Ich freute mich daran, einfach Zeit für eine Tasse Kaffee zu haben, ohne schnell zu meinem nächsten Termin, meinem nächsten Telefongespräch oder meinem nächsten Workshop, der schon ein Jahr im Voraus gebucht worden war, rennen zu müssen. Ich erzählte meinen Freunden, ich wollte meine Freiheit und Unabhängigkeit genießen. Wenn sie mir wünschten, dass ich bald einen neuen Partner finden möge, witzelte ich unbekümmert, sie sollten mir lieber guten Sex und viel Spaß wünschen.

Das änderte sich, als ich mich auf ein Mentoring mit Kathlyn und Gay Hendricks einließ, die mit Hilfe von Körperarbeit offenkundig machen, was in Individuen und zwischen Paaren wirklich vor sich geht. Die Hendricks waren seit zwanzig Jahren zusammen, aber sie wirkten wie in den Flitterwochen – es war so offensichtlich, wie sehr sie einander mochten, liebten, schätzten und würdigten. Sie widmeten sich dem, was sie »emotionale Transparenz« nennen, das ist für sie »die Fähigkeit, die eigenen Gefühle zu kennen und so darüber zu reden, dass andere sie verstehen«.

In meiner Arbeit mit Kathlyn und Gay wurde mir klar, dass ich trotz meines ausdrücklichen Verlangens nach Nähe und Intimität mir in Beziehungen immer einen Fluchtweg offengehalten hatte. Ich wusste, solch eine Beziehung brauchte ich nicht noch einmal – da ging es mir alleine besser. Aber die Hendricks inspirierten mich, über meine Verhaltensmuster mit Männern, die ich nur mit Mühe und Not zu Nähe und Intimität überreden konnte, hinauszuträumen. Ich öffnete mich für die Möglichkeit dessen, was ich »die große Liebe« nannte.

• 2. Szene •

Mann verliert Frau …

Liebste Wundervolle,
danke, dass du mich so liebst …, selbst wenn ich mich nicht so verhalte, wie es solch einer Liebe angemessen wäre.

Ich liebe dich sehr!
Brucie

(Aus dem Bruce-Margaret-Liebesbriefe-Archiv)

Bruce

Sie meinen jetzt vielleicht, nach Margarets Liebe-auf-den-ersten-Stoß hätten wir zwei selig zusammengefunden wie zwei Edelgase, die ihre negativen Programmierungen hinter sich gelassen haben (und in einem

Fall sogar regelmäßig darüber Vorträge hielten, wie diese einen davon abhalten können, das Leben zu erschaffen, das man sich wünscht).

Nun, nicht ganz. Wir nennen unsere Beziehung aus gutem Grund eine »romantische Komödie« – die ersten anderthalb Stunden (genauer gesagt sechs Monate) waren von einer Reihe von Missgeschicken und Abgrenzungen geprägt, die teilweise eher der hohen Schule der Diplomatie ähnelten und doch auch viel Freude und Lachen mit sich brachten.

Margarets Herzsprung erschien mir absolut folgerichtig, was niemanden überraschen wird, der das zweite Kapitel über gute Schwingungen gelesen hat. Wie Sie sich erinnern, senden alle Organismen einzigartige Schwingungsmuster aus. In diesem Fall hatte Margaret sich in ihrer Arbeit mit den Hendricks eine spezifische Vision erschaffen, mit der bestimmte Gehirnfrequenzen einhergingen. Dann bat sie das Universum, also ihr Supercomputer-Unterbewusstsein, eine Suchaktion durchzuführen und sie zu benachrichtigen, wenn die passende harmonische Frequenz in ihr Feld treten sollte. Als sie hinter mir entlangging, »las« Margaret die Energie-Signatur, die von mir ausging und die sich (harmonisch – dies ist eine Geschichte über gute Schwingungen) mit der Frequenz verschränkte, nach der ihr Unterbewusstsein suchte.

Die Tatsache, dass Margaret reflexhaft nach ihrem Herzen griff, passt auch dazu, denn ich glaube, das Herz ist das Organ, mit dem wir unsere Energiefelder wahrnehmen.

Als ich in der Karibik meine Offenbarung über die Zellmembran hatte, die ich in meinem Buch »Intelligente Zellen« beschrieben habe, war es ebenfalls mein Herz, das in diesem Augenblick höchster Bewusstheit am stärksten reagierte. Ich nenne diesen Augenblick sogar manchmal meinen »Herzorgasmus« – es war nicht nur der Augenblick, in dem ich »es« kapiert hatte, sondern auch der Moment, in dem ich mir der Fähigkeit meines Herzens, die Wahrheit zu spüren, bewusst wurde.

So verstand ich Margarets Herzsprung zwar, meine Erfahrung war jedoch anders. Als ich sie kennenlernte, fühlte ich mich zu einer attraktiven, interessanten, kraftvollen, erfrischend direkten und aufrichtigen Frau hingezogen, aber ich wusste noch nicht, was mir heute so klar ist, nämlich dass ich die Liebe meines Lebens gefunden hatte!

Wie ich schon in der Einleitung erklärt habe, bin ich im Hinblick auf Beziehungen ziemlich begriffsstutzig. Genauer gesagt bin ich darin eher ein Nach-der-Schule-noch-dableiben-und-es-hundertmal-auf-die-Tafel-schreiben-Schüler. Ich hatte große Fortschritte darin gemacht, meine Programmierungen aufzulösen, und ich wusste, dass Margaret nur aufgrund dieser Fortschritte in mein Leben kommen konnte. Aber es gab immer noch Reste meiner Programmierungen, die mich zurückhielten. Ich wollte eine aufrichtige Beziehung und ich wollte immer noch eine Beziehung, in der ich kein Wort meines 17 Jahre alten Mantras »Ich werde nie wieder heiraten!« ändern musste.

Wie mir im Rückblick klar wird, tat ich etwas, das leicht zur größten Dummheit meines Lebens hätte werden können: Ich ließ sie gehen! Ich wollte Margaret nichts vormachen, also sagte ich ihr, ich stünde für eine verbindliche Beziehung nicht zur Verfügung.

• 3. & 4. Szene •

Mann und Frau machen sich auf den Weg …

Das Zusammensein mit dir hat meine Liebe erweitert und ich möchte mich immer weiter in diese wundervolle Liebe hinein ausbreiten, die ich mit dir und für dich habe … Ich liebe es, mit dir aufzuwachen und zu reden, zu kichern und zu lieben. Ich liebe deine Albernheit. Ich liebe dein Lachen. Ich liebe unseren GROSSEN SPASS, den wir miteinander haben.

Ich liebe dich, mein Liebster,
Margaret

(Aus dem Margaret-Bruce-Liebesbriefe-Archiv)

Margaret

Als ich von Bruce hörte oder von ihm zu hören meinte, dass er nicht zur Verfügung stünde, tat ich das unter den Umständen Richtige: Ich wünschte ihm ein schönes Leben. Nichtsdestotrotz weinte ich tagelang, als hätte ich die Liebe meines Lebens verloren. Ziemlich merkwürdig angesichts der Tatsache, dass wir nur ein paar Minuten lang miteinander geredet hatten (wenn auch nicht nach Bruce' Quantenphysik-Erklärung).

Natürlich war die Geschichte an dieser Stelle nicht zu Ende. Nach ein paar weiteren Drehungen und Wendungen (alles Stoff für die 3. Szene unserer romantischen Komödie) fingen wir an, miteinander auszugehen. Aber wir befanden uns immer noch nicht unausweichlich auf dem direkten Weg zum »Happy End ohne Ende«.

Jedes Mal, wenn wir uns verabredeten, wiederholte Bruce seine Ausschlussklausel, er sei nicht für eine Beziehung gemacht, und nur für den Fall, dass ich es nicht mitgekriegt hätte, bestand er auch darauf, dass wir uns in seinem Haus trafen und dass er das Essen kochte: Er wollte mir gegenüber zu nichts »verpflichtet« sein, was irgendeinen Beigeschmack von Verbindlichkeit haben könnte.

Nach jeder Menge Seelenforschung überwand ich meine Vorbehalte gegenüber einer unverbindlichen Beziehung mit Bruce und beschloss, das Risiko einzugehen, mir das Herz brechen zu lassen. Ich schwor mir, alles mir Mögliche darüber zu lernen, mit einer anderen Person ganz präsent zu sein, solange unsere Beziehung währen mochte (ich gab den Anspruch auf die Verbindlichkeit der »großen Liebe« auf, aber nicht den auf emotionale Transparenz). Nachdem ich mir also Bruce' Ausschlussklausel wochenlang immer wieder angehört hatte, gingen wir zu meinem Tagespunkt der emotionalen Transparenz über, bei dem es vor allem um ehrliche Kommunikation ging: »Da gibt es etwas, worüber wir reden müssen ...«

Zu meiner Verwunderung stellte ich schnell fest, dass ich zwar oberflächlich betrachtet die Intensivere, Ernstere war, doch in Bruce hatte ich einen ebenbürtigen Partner gefunden. Um mit seinem großen Gehirn und seinem großen Herzen mitzuhalten, musste ich mich auch mehr öffnen. Ich begann zu lernen, wie Liebe zum Ausdruck kommen kann. Und überraschenderweise lernte ich viel über Verbindlichkeit, obwohl dieses Wort nie gefallen ist. Trotz meiner Leidenschaft für die Selbsterforschung empfand ich diese emotionale Transparenz zunächst als ermüdend. Sie erfordert, immer präsent zu sein, selbst dann wenn man gerne Fünfe gerade sein lassen und nicht aufpassen möchte. Die Versuchung war groß, irgendwann einfach zu sagen: »Das ist zu mühsam.«

Doch ich beschloss weiterzumachen und konzentrierte mich darauf, unsere herrliche gemeinsame Zeit zu genießen. Bruce ist so bezaubernd komisch und süß. Es gab (und gibt) viele Albernheiten, viel Kichern und viel Lachen. Eine von Bruce' Nachbarinnen sagte, sie besuche immer gerne ihre Pferde, die vor seinem Haus grasen, weil sie uns dann lachen höre und sie das fröhlich stimme.

Das mit dem Lachen fing früh an, schon bevor ich mich mit Bruce' Ausschlussklausel arrangiert hatte. Bei einem unserer anfänglichen Treffen schlug Bruce vor, zusammen Scrabble zu spielen. Er wusste damals noch nicht, dass ich Scrabble liebe und gnadenlos auf Sieg spiele. Als ich ihn schlug, war er vollkommen verblüfft und beeindruckt, weil ich sein hervorragendes Vokabular ausgestochen hatte. Ich sagte ihm, ich hätte ihm schon bei unserem allerersten Treffen ein Scrabble-Spiel vorgeschlagen, wenn ich bloß gewusst hätte, wie sehr ich ihn damit beeindrucken kann.

Ich schlug Bruce allerdings weniger, weil ich über einen größeren Wortschatz verfügte, sondern weil ich vor langer Zeit schon fürs Scrabbeln obskure Zwei- und Drei-Buchstabenwörter auswendig gelernt hatte. Eines meiner Lieblingswörter ist Oe, ein gefährlicher Wirbelsturm der Färöer-Inseln. Bruce fing dann an, über meinen Sieg herumzualbern, indem er immer mehr der verrückten Wörter erfand, mit denen ich ihn geschlagen hatte. Es war so komisch, dass ich mich auf dem Boden kugelte vor Lachen. Er nahm die Herausforderung an, mich irgendwann zu schlagen, und als es ihm endlich gelang, meinte ich: »Wie erfrischend!«

Wir hatten viel Spaß und kommunizierten auch auf einer tiefen Ebene. Als Bruce noch einem fremden Skript für ein glückliches Leben gefolgt war, war das Leben für ihn allzu viele Jahre lang sehr ernst gewesen. Und mir wurde bewusst, dass auch ich die Dinge etwas leich-

ter nehmen und meine Redeweise etwas weicher werden lassen durfte, nachdem ich mich 16 Jahre lang darauf konzentriert hatte, alles sofort anzusprechen und zu klären.

Unsere Freunde bemerkten, wie gut wir uns vertrugen (und vertragen). Bruce' Freunde, die um seine Bindungsphobie wussten, rieten ihm, nichts zu tun, was unserer Beziehung schaden könnte; einer sagte ihm sogar, ohne mich brauche er gar nicht erst wiederzukommen. Und meine alten Freunde meinten, sie hätten mich noch nie mit jemandem gesehen, der so gut zu meiner hohen Energieebene passt.

Trotz Bruce' Bedürfnis, seine Ausschlussformel zu wiederholen, und meinem Bedürfnis, die emotionale Transparenz ein bisschen zu weit zu treiben und zu streng anzugehen (damit ich auf keinen Fall wieder bei einem Partner landete, der sich nicht mit seinen Themen auseinandersetzen will), dämmerte uns doch auf einer gewissen Ebene, dass wir unsere Reise zum »Happy End ohne Ende« begonnen hatten.

• 5. Szene etc. •

Der holperige Kurs zum Happy End ohne Ende …

Margaret

Wahre Liebe verläuft nie reibungslos.

William Shakespeare:
Ein Sommernachtstraum

Natürlich war auch von da an der Weg zum »Happy End ohne Ende« nicht glatt und eben.

Die Leute fragen mich oft, ob Bruce und ich uns streiten, und ich antworte zunächst: Auf jeden Fall, und auch auf eine Art, die vielen Paaren sicherlich bekannt vorkäme. Und dann erzähle ich die Geschichte von unserer Autofahrt ohne GPS.

Es war keine lange Fahrt – wir wollten etwa zwei Stunden entfernt wohnende Freunde besuchen. Aber wir verfuhren uns. Ich schlug mehrmals vor, anzuhalten und nach dem Weg zu fragen, aber Bruce bog immer wieder irgendwo ab und versuchte, das Problem selbst zu lösen. Ja (seufz), ich weiß, die typische männlich-weibliche Auseinandersetzung! Ich sagte etwas wie: »Das würde ich nicht tun«, und Bruce war zu jenem Zeitpunkt schon so genervt von mir und sich selbst, dass er auf einen Parkplatz eines Supermarkts fuhr, ausstieg und sagte: »Okay, dann fährst du!« Und dann standen wir da Nase an Nase, in aller Öffentlichkeit, und schrien einander an, was der andere tun und lassen sollte.

Nach ein paar Sekunden heftiger Konfrontation hielten wir inne, traten ein paar Schritte zurück, atmeten tief durch und setzten uns wieder ins Auto. Wir schwiegen eine ganze Weile. Dann fingen wir an, über diese unglaublich starken Reflexe zu reden, die wir beide gezeigt hatten, wie schrecklich sich das angefühlt hatte und dass wir das beide nicht gewollt hatten. Das war genau das Gegenteil von jenen guten Schwingungen, die seinerzeit im Cathedral Hill Hotel mein Herz hatten springen lassen. Dies war ein typischer Fall von schlechter Schwingung! Und es dauerte fast eine Woche (in Bruce' Erinnerung sind es sogar zwei Wochen), bis sich die »schlechten« Schwingungen wieder auflösten. Während dieser Zeit vereinbarten wir, dass so etwas nie wieder passieren sollte. Wir hatten beide solche instabilen, zerstörerischen Beziehungsmuster in unserer Vergangenheit erlebt und wir waren uns im Klaren darüber, dass wir da nicht wieder hinwollten.

Es hat uns damals schockiert, wie schnell wir in solch eine Rage kommen konnten. Aber im Rückblick meine ich, es ist vielleicht auch nicht möglich, eine wirklich nahe Beziehung einzugehen, ohne dass alte Sachen hochkommen – darunter vielleicht auch jene Art von Ärger, die will, dass der Partner ruhig ein bisschen leiden soll, um den eigenen Standpunkt nachdrücklich klarzustellen, oder jene Art von Verletztheit, die Rachegelüste hervorruft.

Nach unserem Streit auf dem Parkplatz fragten wir uns, ob wir immer recht oder aber eine Beziehung haben wollten. Wir wählten unsere Beziehung. Dann beschlossen wir bewusst und unterbewusst (wir wussten immer um unsere vier Minds*), die Verantwortung für unser Kontrollbedürfnis zu übernehmen und daran zu arbeiten, unser Bedürfnis, immer recht haben zu wollen, loszulassen.*

Als Erstes fand ich eine Technik, um meiner Neigung, in emotional aufgeladenen Augenblicken Kritik zu äußern, Einhalt zu gebieten. Ich glaube, das ist ein Muster, das vielen vertraut sein dürfte: Wir wissen, dass das, was wir jetzt sagen wollen, Salz in die Wunde streut, also versuchen wir, es für uns zu behalten …, doch dann blubbern wir es dank unseres ätzenden Unterbewusstseins doch heraus, weil wir wissen, dass wir recht haben und der andere im Unrecht ist. Ich fand einen Weg, diese kritisierende Stimme in den Griff zu bekommen, indem ich ins Badezimmer ging, in den Spiegel schaute und mir sagte: »Margaret, willst du recht haben oder willst du lieben?« Es bedurfte einer gewissen Übung, aber ich wiederholte es so lange, bis es griff. Nach solch einem Spiegelgespräch mit mir selbst kehrte ich mit einer anderen Energie im Herzen in das Zimmer zurück. Meine Worte waren freundlich, weil ich mich entschieden hatte, meine Energie auf bedingungslose Liebe zu richten.

Bruce und ich entwickelten auch eine weitere Technik, die uns half, von Verletzung, Ärger oder Angst in bedingungslose Liebe zu finden. Wir gewöhnten uns an, still miteinander über Berührung Kontakt aufzunehmen, statt weiter darüber zu streiten, wer recht hat. Diese Art von Rückverbindung bedeutet: Beide setzen sich schweigend zusammen, um auf einer tieferen Ebene Kontakt aufzunehmen – egal wie schlecht man sich fühlt, egal wie sehr man meint, der andere habe einen verletzt, egal wie sehr man sich wünscht, der andere möge auch ein bisschen leiden. Wenn wir die Einzelheiten einer Auseinandersetzung außer Acht lassen und miteinander in Kontakt gehen, öffnen sich die Herzen wieder, und alles lässt sich leichter an. Dabei ist wichtig, einander zu berühren – an den Knien, den Händen, den Armen –, sonst sitzen beide am Ende nur da und brüten vor sich hin.

Wir haben auch die Gewohnheit entwickelt, während des Tages immer wieder mit Koseworten Verbindung miteinander aufzunehmen, selbst wenn Bruce auf Vortragsreisen ist und wir uns über Skype unterhalten. Wir sagen ständig: »Ich liebe dich«: wenn wir im Flur aneinander vorbeigehen, wenn einer von uns das Haus verlässt etc. Wir verwenden freizügig alberne Kosenamen wie »Goosie und Brucie« (von Bruce erfunden). Und wir tauschen täglich jede Menge körperlicher Rückversicherung aus: viele Umarmungen, viel Schmusen und Knutschen (engl. »smooch«), was zu einem weiteren albernen Kosenamen geführt hat: die »Schmoochilinis«.

Falls Sie denken, das sei ja wohl ein bisschen übertrieben, sind Sie nicht der Erste. Sally Thomas, die mit mir bei Mountain of Love Productions arbeitet, meinte bei der ersten Begegnung mit uns, dieses ständige »Ich liebe dich« sei ihr zu kitschig. Doch dann fing sie an, es zu schätzen: »Egal wie anstrengend es gerade ist, Bruce und Margaret kommunizieren immer auf wertschätzende und liebevolle Weise. Sie tragen nichts nach und hegen keinen Groll. Der Honeymoon-Effekt hat sich nicht abgenutzt.« Und dann fing sie an, es nachzumachen! »Komischerweise hat es mich angesteckt. Es ist eine gute Art, mit jemandem zusammen zu sein, der einen gerade verrückt macht – man muss sich nur daran erinnern, dass man ihn über alle Maßen liebt.«

Ich meine, ständige Bestätigung ist eine gute Sache. Ich halte unser »Happy End ohne Ende« nicht für selbstverständlich! Wie bei Bruce war auch meine Ursprungsfamilie kein Modell für gute Beziehungen. Ich bin mit sechzehn von zu Hause ausgezogen, weil ich wusste, dass ich alleine besser für mich sorgen konnte, denn ich war in meiner Familie die Erwachsene.

Ich glaube, unsere romantische Komödie hätte zu einer Tragödie werden können, wenn wir uns nicht beide unserer negativen Programmierungen bewusst gewesen wären, wenn wir nicht Schritte unternommen hätten, sie zu überwinden, und wenn wir unsere Liebe nicht jeden Tag mit unterstützenden, wertschätzenden Worten und Taten gestärkt hätten.

Letztendlich reichen gute Schwingungen nicht – was wohl niemanden, der dieses Buch gelesen hat, überraschen dürfte. Ich bin Leuten begegnet, die fest davon überzeugt waren, Seelenpartner zu sein, weil sie energetisch so aufeinander eingeschwungen waren. Trotzdem funktionierte ihre Beziehung nicht, zumindest nicht in diesem Leben. Bevor wir zum »Happy End ohne Ende« kamen, mussten wir uns beide mit dem unsichtbaren Ballast auseinandersetzen, der uns behinderte.

• Letzte Szene •

Happy End ohne Ende ...

Deine Schönheit erhellt mein Leben – ich bin so zärtlich verliebt in dich! Ich verstehe jetzt wirklich die Vorstellung eines Himmels – durch dich.

Voller Liebe für dich, mein liebstes Gooselini,
Brucie

(Aus dem Bruce-Margaret-Liebesbriefe-Archiv)

Bruce

Ich habe ja schon erwähnt, wie langsam ich lerne, aber in diesem Fall war es nicht ganz so langsam.

Sechs Monate nach unserer ersten Begegnung saßen wir im Wohnzimmer, Margaret auf dem Sofa, ich auf dem Boden ans Sofa gelehnt, als ich zu lachen begann, mich dann fing und wieder aufhörte. Margaret wollte wissen, worüber ich gelacht hätte. Da sie nicht locker ließ, platzte ich schließlich heraus: »Margaret, willst du mich heiraten?«

Margarets Antwort auf diese plötzliche Wendung meines 17 Jahre lang getreulich wiederholten Mantras »Ich werde nie wieder heiraten« war ein ironisches: »Na, jetzt geht's aber los.« Ich brauchte eine Woche, um sie davon zu überzeugen, dass ich es ernst meinte!

Endlich hatte ich erkannt, dass Margaret die Frau war, mit der ich zusammen sein wollte. Endlich hatte ich erkannt, dass ich mich bereits in der Beziehung befand, nach der ich mich gesehnt hatte. Wir teilten alles miteinander, sogar den Frühstücksspeck: Wenn es vier Streifen gibt, kriegt sie zwei! Wir hatten Spaß und waren einander so nahe, wie man es nur sein kann.

Obwohl es ein Riesenschritt für mich war, löste ich mich von meinem Rasier-Mantra »Nie wieder heiraten« doch auf eine mühelose, natürliche Weise. Der Wendepunkt kam, als mir klar wurde, dass ich Margaret mein Leben anvertrauen würde. Ich wusste in meinem Herzen: Sie war der einzige Mensch, dem ich vollständige Vollmacht über mein Leben geben würde, wenn ich irgendwann nicht mehr entscheidungsfähig sein sollte. In meiner gesamten Existenz auf diesem Planeten hatte ich noch nie das Gefühl gehabt, mein Leben jemandem anvertrauen zu können. Diese Erkenntnis verblüffte mich zutiefst – so sehr vertraute ich ihr inzwischen.

Als ich Margaret davon überzeugt hatte, wie ernst ich es mit meiner neuen Vertrauensebene meinte (und dass ich meine Ausschlussformel wirklich nicht mehr brauchte), beschlossen wir, uns auf ein Experiment von »Happy End ohne Ende« einzulassen. Das Experiment bestand darin, weiter zu tun, was wir taten, ohne ein definiertes Ziel vor Augen zu haben. Stattdessen ließen wir uns verbindlich auf eine Zen-artige »Happy End ohne Ende«-Versuchsanordnung ein, ein »Ganz-im-Hier-und-Jetzt«-Experiment ohne langfristige Ziele. Heute, 17 Jahre später, läuft unser »Happy-End-ohne-Ende-ganz-im-Hier-und-Jetzt-Leben«-Experiment immer noch sehr gut.

Genau wie Margaret glaube auch ich nicht, dass unserem Experiment der Erfolg von vornherein sicher war. Wir hatten einen großartigen Start, aber hätten wir unseren Kurs nicht immer wieder korrigiert und wären wir unterbewusste Verhaltensweisen nicht immer wieder angegangen, hätten wir es, glaube ich, nicht geschafft.

Margaret hat schon einige der liebevollen Kommunikations-Gewohnheiten beschrieben, die in unser Unterbewusstsein einzuprägen wir uns Zeit nahmen. Ich glaube, auch die »Honeymoon-Wochenenden«, für die wir uns Zeit nahmen, spielten eine wichtige Rolle. Sie bestanden aus drei Tagen (später vier, wenn es ging), in denen wir die restliche Welt hinter uns ließen und uns gemeinsam in unser Holzhaus im Wald zurückzogen. Selbst heute, wo wir noch mehr unterwegs sind und solche »Cocooning«-Tage oft nicht möglich sind, dienen uns diese Wochenenden am Anfang unserer Beziehung mit all ihrer Liebe und Freude an- und miteinander noch als Anker, auf den wir zurückgreifen können.

Manchmal wünsche ich mir zugegebenermaßen, wir hätten diese Liebe und Freude erleben können, als wir jung waren. Ich sagte einmal zu Margaret, wenn wir uns auf der Highschool kennengelernt hätten, wären wir ein hübsches Liebespärchen geworden. Sie war gerührt, aber dann dachten wir darüber nach und kamen zu dem Schluss, dass es nicht funktioniert hätte. Wären wir uns damals begegnet, wären solche Auseinandersetzungen wie auf jenem Parkplatz kein einmaliges Ereignis geblieben. Wir hatten beide viel zu lernen (und eine Menge unterbewusste Programmierungen aufzulösen), bevor wir unser wackeliges, co-abhängiges Drehmoment ausgleichen und zu harmonisch wirbelnden Edelgasen werden konnten!

Ich habe in meinem Leben immer wieder gelernt, dass wir für die große Liebe erst bereit sind, wenn wir unsere Hausaufgaben machen. Sonst locken wir nur wieder jene co-abhängigen Beziehungen an, in denen wir unseren Partner verzweifelt brauchen (weshalb mir jene Frau in der Karibik gesagt hatte, ich sei zu bedürftig). Wenn wir lernen, uns wie Edelgase im Gleichgewicht zu drehen, wird die große Liebe möglich. In meinem Fall hatte ich zunächst einmal vierzig Jahre der Ängstlichkeit zu durchleben, aber von meiner heutigen Warte aus spielt das keine Rolle mehr. Hier zu landen, wo ich jetzt bin, war all das wert!

•

Ich hoffe, Sie können sich durch die Lektüre dieses Buches etliche Jahre sparen – es ist nicht notwendig, so langsam zu lernen wie ich. Ich hoffe, jetzt, da Sie um die unterbewussten Programmierungen und ihre zerstörerische Wirkung auf unser Leben und unsere Beziehungen wissen, werden Sie aktiv und lösen diese Programmierungen auf, übernehmen aktiv die Verantwortung für die Beziehungen in Ihrem Leben und lassen aktiv Ihre co-abhängigen Beziehungen hinter sich.

Sie mögen romantische Komödien? Dann können Sie diese natürlich gerne weiter anschauen. Aber es ist ein Riesenunterschied, ob Sie im Sessel sitzen und jemandem beim Ausagieren seines Drehbuchs zuschauen, oder ob Sie Ihr eigenes Drehbuch schreiben. Produzieren Sie Ihre eigene romantische Komödie, in der Sie die von Ihnen gewünschte Hauptrolle spielen und Ihr Partner die andere, nämlich die der Person, die Sie sich in Ihrem Leben wünschen!

Das Drehbuch für Ihr »Happy End ohne Ende« zu schreiben, bedeutet, nicht mehr Opfer zu sein, sich keine Geschichten über »Was sie mir angetan hat« zu erzählen. Und sich vor allem nicht für vergangene Beziehungen schuldig zu fühlen! Wie hätten Sie von den unbemerkten fremden Programmierungen wissen können, die Ihre Beziehungen untergraben haben?

Fahren Sie mit Ihrem Leben fort und nutzen Sie jeden Moment des heutigen Tages. Verabschieden Sie sich von gestern! Und keine Ausreden! Wenn Margaret und ich es schaffen konnten, obwohl wir beide aus dysfunktionalen Familien stammen, dann können Sie das auch. Falls Sie natürlich zu jenen glücklichen Paaren gehören, die sich in der zweiten Klasse kennenlernten, sich beim Abschlussball verliebten und heute als Erwachsene miteinander leben und gedeihen: Herzlichen Glückwunsch! Sie brauchen weder Ausreden noch Inspiration, zumindest nicht im Bereich Ihrer persönlichen Beziehungen – bei Ihnen scheinen alle vier *Minds* bereits im Einklang zu sein.

Sosehr ich hoffe, dass wir Sie inspirieren konnten, verfügen Margaret und ich natürlich nicht über die Zauberformel für ein »Happy End ohne Ende«, denn es gibt in diesem Bereich nichts Allgemeingültiges. Wie Sie jetzt wissen, sind Margaret und ich auf völlig unterschiedlichen Wegen an den Punkt gekommen, wo wir bereit waren, unser »Happy End ohne Ende« zu erschaffen. Ich kann Ihnen also keine Formel bieten, aber ich kann Ihnen einige Quellen nennen, und Sie finden im Anhang dieses Buches eine handliche Honeymoon-Checkliste (S. 160 ff.).

Ich kann Ihnen auch nichts Vollkommenes anbieten. »Happy End ohne Ende« bedeutet nicht, dass in meinem Leben alles perfekt wäre. Es bedeutet, dass ich mich und mein Leben neu erfunden habe. Ich lebe in derselben Welt, und gleichzeitig ist es nicht mehr die Welt, in der ich einst lebte. Dinge wie lecke Dächer, Strafzettel für falsches Parken oder der Abgabetermin für dieses Buch, die mich früher aufregten und verwirrten, bringen mich jetzt nicht mehr durcheinander und belasten auch nicht mehr unsere Beziehung. Margaret und ich verlieren nie unsere Liebe aus dem Blick, egal was sonst in unserem Leben passiert. Was auch immer geschieht, ist in Ordnung.

Was ich Ihnen anbieten kann, ist die Hoffnung auf eine bessere Welt. Wenn Sie eine »Happy End ohne Ende«-Beziehung erschaffen, fangen Sie an, ähnlich gesinnte Menschen anzuziehen, die sich wie ein Puffer zwischen Sie und jene Teile der Welt schieben, mit denen Sie im Clinch lagen. Gemeinsam mit diesen Menschen, die wissen, dass es eine andere Art zu leben gibt, erzeugen Sie dann Ihre eigene, vom Leuchten der Edelgase erfüllte Blase.

Ich bin davon überzeugt, dass unsere ganze Welt in solch einer Blase leben könnte, wenn wir nicht so von unseren Programmierungen beeinträchtigt wären. Dieser ganze Planet könnte leuchten wie ein Laser, weil es ein Planet voller Liebe wäre. Albert Einstein hat gesagt: »Es gibt zwei Arten, sein Leben zu leben: so, als wäre nichts ein Wunder, oder so, als wäre alles ein Wunder.«

Erzeugen Sie Ihr eigenes Licht und teilen Sie es mit Ihrem Partner und mit anderen, auf dass diese ganze Erde vom Laserlicht der Edelgase erstrahlt, die jeden Tag den Himmel auf Erden erschaffen. Wie mein Held Einstein wissen Edelgase, dass wir unser Leben als das Wunder leben können, das es ist.

Quellen

Was Ihnen helfen kann, Ihren Himmel auf Erden zu erschaffen

• Die Honeymoon-Effekt-Checkliste

1. Prüfung des bewussten Denkens:
   Seien Sie sich »bewusst«, worum Sie bitten …

2. Prüfung des Unterbewusstseins:
   Seien Sie sich der Programmierungen bewusst, die Sie empfingen, bevor Sie bewusst darüber nachdenken konnten, ob Sie das wollen oder nicht.

3. Nutzen Sie Hilfsmittel, um Ihr Unterbewusstsein umzuprogrammieren, z. B. Hypnose, Aufnahmen mit unterschwelligen Botschaften, Energetische Psychologie (z. B. Superlearning), achtsames Verhalten (Gegenwärtigkeit).

4. Üben Sie täglich und häufig freundliches Verhalten und liebevolles Sprechen und passen Sie es Ihrer Beziehung an.

5. Öffnen Sie Ihrem Partner Ihr Herz, wenn Sie streiten, aber den Honeymoon-Effekt in Ihr Leben zurückbringen wollen, indem Sie aus der verbalen Auseinandersetzung schweigend und einander körperlich berührend aussteigen.

6. Verändern Sie zuerst Ihr eigenes Leben, damit Sie einen Partner anziehen, der ein anregbares Edelgas ist.

• Methoden der Energetischen Psychologie zur Umprogrammierung des Unterbewusstseins

PSYCH-K®
(www.psych-k.com)
PSYCH-K® besteht aus einer Reihe von Prinzipien und Prozessen, welche darauf ausgerichtet sind, unterbewusste Überzeugungen zu ändern, weil sie der Verwirklichung unseres vollen Potenzials als göttliche Wesen, die eine menschliche Erfahrung machen, im Wege stehen.

Core Health
(www.corehealth.us)
Der DTQ-Prozess von Core Health (Deeply=Tief, Thoroughly=Gründlich, Quickly=Schnell) dient der dauerhaften Reaktivierung des persönlichen gesunden inneren Kerns.

BodyTalk
(www.bodytalksystem.com)
BodyTalk dient dazu, die Energiesysteme des Körpers wieder zu synchronisieren, damit sie so funktionieren können, wie es von der Natur vorgesehen ist.

Emotional Freedom Technique
(www.eftfree.net)
Emotional Freedom Technique (EFT) beruht auf neuen Entdeckungen über die feinstofflichen Energien des Körpers und kann bei emotionalen und gesundheitlichen Schwierigkeiten sowie bei Verhaltensproblemen helfen.

EMDR
(www.emdr.com)
EMDR (Eye Movement Desensitization and Reprocessing) ist eine Form der Psychotherapie, durch die Menschen schneller als mit gewöhnlicher Therapie von den durch verstörende Erfahrungen ausgelösten Symptomen und emotionalen Belastungen heilen.

Holographic Repatterning
(www.repatterning.org)
Das Resonance Repatterning System dient dazu, die jedem Thema, jedem Problem und jedem Schmerz zugrunde liegenden Energiemuster zu identifizieren und aufzulösen.

Inner Resonance Technologies
(www.innerresonance.com)
IRT besteht aus sieben kurzen Schritten, die es dem eigenen automatischen System erlauben, sich physisch, emotional, mental und spirituell auszugleichen und zu harmonisieren.

Instant Emotional Healing
(www.instantemotionalhealing.com)
»Emotionale Befreiung« von Peter T. Lambrou, Ph.D., und George J. Pratt, Ph.D.: In diesem Buch werden die Grundlagen der Energetischen Psychologie erklärt.

Neurolink's Neurological Integration System
(www.neurolinkglobal.com)
Die Verfahren von Neurolink dienen dazu, die Fähigkeit des Gehirns zur Regeneration des Körpers und all seiner Systeme zu ihrem vollen Potenzial zu aktivieren.

Silva UltraMind ESP System (www.silvaultramindsystems.com)
Das Silva UltraMind ESP System zeigt, wie wir die unglaublichen Kräfte unseres Geistes anzapfen und für die Verbindung zu einer höheren Macht einsetzen können, die uns dazu anleitet, ein erfolgreicheres, glücklicheres Leben zu führen.

The Healing Codes (www.thehealingcode.com)
The Healing Codes dienen dazu, den Körper zu entstressen, damit das Neuroimmunsystem alles heilen kann, was im Körper nicht richtig läuft.

The Hendricks Institute (www.hendricks.com)
Das Hendricks-Institut ist ein internationales Lernzentrum für Kernkompetenzen des bewussten Lebens und Liebens. Es will eine weltweite Gemeinschaft von Menschen zusammenführen, die neue Höhen der Liebe, der Kreativität und des Wohlbefindens erkunden möchten.

NetMindBody (NET) (www.netmindbody.com)
NET ist eine Technik zur Stressminderung von Körper und Geist; sie spürt die mit ungelösten Problemen von Körper und Geist verbundenen neurologischen Ungleichgewichte auf und gleicht sie aus.

Holosync
Holosync ist eine Neuro-Audio-Technologie, die eine Balance zwischen den Gehirnhemisphären fördert, um die mentale und emotionale Gesundheit und die mentalen Funktionen zu stärken.

Lifeflow Meditation
(www.centerpointe.com)
Die auf Biofeedback-Forschungen beruhende Lifeflow-Meditation dient dazu, den Zuhörer in einen Gehirnwellenzustand zu versetzen, der Wohlbefinden, Lernen und Glücklichsein fördert.

Alchemical Healing
(www.shamanicjourneys.com)
Alchemical Healing bringt innovative Techniken des Schamanismus und des energetischen Heilens mit Prinzipien der Alchemie zusammen und erzeugt damit eine praktische Form körperlicher Heilung, therapeutischer Beratung und spirituellen Wachstums.

Alchemy Techniques (AT)
(www.alchemytechniques.com)
Alchemy Techniques bestehen aus einer Sammlung von Techniken und Praktiken, die dazu dienen, alle Aspekte des Selbst auf den tiefsten Ebenen des Herzens zu heilen.

Rosen Method
(www.rosenmethod.org)
Die Rosen-Methode verwendet sanfte, direkte Berührungen, um chronische Muskelverspannungen mit Händen, die »eher zuhören als manipulieren«, zu lösen.

The Body Code System of Natural Healing
(www.drbradleynelson.com)
Das Body Code System for Ultimate Energy Healing & Body Balancing System dient dazu, die subtilen Ungleichgewichte zu finden und zu korrigieren, die der Gesundheit und dem Glück im Wege stehen.

The Journey
(www.thejourney.com)
The Journey dient dazu, Zugang zur tiefsten Ursprungsebene der körpereigenen Heilungsweisheit zu finden.

Reconnective Healing
(www.thereconnection.com)
Reconnective Healing lehrt, wie wir Körper und Geist mit einer Bandbreite von Schwingungsfrequenzen korrigierende Informationen zukommen lassen können.

Rapid Eye Technology (RET)
(www.rapideyetechnology.com)
Rapid Eye Technology dient der Befreiung von Stress und Traumata (ohne das Trauma erneut zu durchleben), indem die REM-Schlafphase, das körpereigene, natürliche Entsorgungssystem, simuliert wird.

Consciousness 2.0
(consciousness2-0.com)
Consciousness 2.0 ist ein Selbsthilfeprogramm, mit dem wir unsere Programmierungen »aufrüsten« können, um Angst, Verurteilungen, Einschränkungen, Kampf und Schmerz zu »deinstallieren« und das Bewusstsein des höheren Selbst »installieren« zu können.

The Sedona Method
(www.sedona.com)
Die Sedona-Methode zeigt, wie wir Zugang zu unserer natürlichen Fähigkeit bekommen, schmerzhafte oder unerwünschte Gefühle, Überzeugungen und Gedanken loszulassen.

The RIM Method
(www.riminstitute.com)
Die RIM-Methode dient dazu, bestätigende Bilder im Zellgedächtnis zu erzeugen, um unterbewusste Veränderungen einzuleiten, die emotionales und körperliches Wohlbefinden und Erfolg fördern.

Three in One Concepts
(www.3in1concepts.it)
Die Three in One Concepts beruhen auf Forschungen und Entwicklungen der Angewandten Kinesiologie. Durch die Integration von Körper, Geist und Seele helfen sie Menschen, die selbstverantwortlich ihr eigenes Wohlbefinden erschaffen wollen.

The WOW Process
(www.thewowprocess.com)
Der WOW-Prozess ist eine dynamische, alchemistische Erfahrung, die Stress und Leiden auf jeder Ebene – körperlich, emotional, mental oder spirituell – mindern kann.

PranaVita
(www.prana.at)
Energiemedizin und Bewusstseinstraining; Liebes-, Lebens- und Herzensenergie befreit, löst Energieblockaden in allen Körpern, im Bewussten und Unbewussten und stärkt die Lebensfreude.

Emotionale Transformation
(www.EmoTrance.eu)
Ein sehr einfaches System, das sanft energetische Blockaden und emotionale Programme lösen und in ein kaum zu beschreibendes Wohlgefühl transformieren kann.

• Romantische Komödien

American President – Hallo, Mr. President

Sleepless in Seattle – Schlaflos in Seattle

Groundhog Day – Und täglich grüßt das Murmeltier

Continental Divide – Zwei wie Katz und Maus

Jerry Maguire

My Big Fat Greek Wedding

New In Town

Moonstruck – Mondsüchtig

When Harry Met Sally – Harry & Sally

Defending Your Life – Rendezvous im Jenseits

As Good As It Gets – Besser geht's nicht

Love Actually – Tatsächlich Liebe

The Goodbye Girl – Der Untermieter

Splash

Educating Rita – Rita will es endlich wissen

Blast From The Past

High Fidelity

It Could Happen To You – 2 Mio. $ Trinkgeld

Amelie – Die fabelhafte Welt der Amelie

The 40-Year-Old Virgin – Jungfrau (40), männlich, sucht …

Doc Hollywood

Bridget Jones's Diary – Das Tagebuch der Bridget Jones

Definitely, Maybe – Vielleicht, vielleicht auch nicht

Today's Special

Anmerkungen

1. Unser Verlangen nach Bindung

1. Bruce H. Lipton/Steve Bhaerman: Spontane Evolution. Burgrain: Koha-Verlag 2009

2. Lewis Thomas: The Lives of a Cell. Notes of a Biology Watcher. New York, NY: Viking 1974, S. 11–12

3. Robert Sapolsky: The Uniqueness of Humans. Stanford University Class Day Lecture: 13. Juni 2009. http://www.youtube.com/watch?v=hrCVu25wQ5s

4. Laura S. Scott: Two Is Enough. A Couple's Guide to Living Childless by Choice. Berkeley, CA: Seal Press 2009, S. 1

5. Ebenda, 23–24

6. Ebenda, 77

7. Nathan W. Bailey/Marlene Zuk: »Same-sex sexual behavior and evolution«. Trends in Ecology and Evolution, Bd. 24, Nr. 8 (10. Juni 2009), S. 439–446

8. Bruce Bagemihl: Biological Exuberance. Animal Homosexuality and Natural Diversity. New York, NY: St. Martin's Press 1999, S. 554

2. Good Vibrations – gute Schwingungen

1. Vladilen S. Letokhov: »Detecting Individual Atoms and Molecules with Lasers«. Scientific American, Bd. 259, Nr. 3 (September 1988), S. 44–49

2. Mark Hallett: »Transcranial magnetic stimulation and the human brain«. Nature, Bd. 406, Nr. 6792 (Juli 2000), S. 147–150

3. Allan W. Snyder u.a.: »Savant-like skills exposed in normal people by suppressing the left front-temporal lobe«. Journal of Integrative Neuroscience, Bd. 2, Nr. 2 (Dezember 2003), S. 149–158

4. R.E. Hoffman u.a.: »Transcranial magnetic stimulation and auditory hallucinations in schizophrenia«. The Lancet, Bd. 355, Ausgabe 9209 (25. März 2000), S. 1073–1075

5. Women & Infants Hospital: »Efficacy of transcranial magnetic stimulation for depression confirmed in new study«. ScienceDaily (26. Juli 2012). http://www.sciencedaily.com/releases/2012/07/120726180305.htm

6. M. Duan: »Quantum Correlation Between Distant Diamonds«. Science, Bd. 334, Nr. 6060 (2. Dezember 2011), S. 1213 f.

7. Amit Goswami: »Quantum Physics, Consciousness, Creativity, and Healing« mit Amit Goswami, Institute of Noetic Sciences, Audio Lectures (2006), Teil 1 von 3, 00:39:58. http://www.noetic.org/library/audio-lectures/quantum-physics-consciousness-creativity-and/

8. J. Grinberg-Zylberbaum u.a.: »The Einstein-Podolsky-Rosen Paradox in the Brain: the Transferred potential«. Physics Essays, Bd. 7, Nr. 4 (Dezember 1994), S. 422–428

9. Marilyn Schlitz/Richard Wiseman u.a.: »Of two minds: Sceptic-proponent collaboration within parapsychology«. British Journal of Psychology, Bd. 97 (2006), S. 313–322

10. Richard Conn Henry: The mental Universe. Nature, Bd. 436, Nr. 7047 (7. Juli 2005), S. 29

11. David P. Barash/Judith Eve Lipton: The Myth of Monogamy. New York, NY: W.H. Freeman and Company 2001, S. 10

12. Mary Karmelek: »Was This Gazelle's Death an Accident or a Suicide?« Scientific American (24. Mai 2011). http://blogs.scientificamerican.com/anecdotes-from-the-archive/2011/05/24/was-this-gazelles-death-an-accident-or-a-suicide/

3. Liebesdrogen

1a. Bruce H. Lipton: »A fine structural analysis of normal and modulated cells in myogenic culture«. Developmental Biology, Bd. 60 (1977), S. 26–47

1b. Bruce H. Lipton: »Collagen synthesis by normal and bromodeoxyuridine-treated cells in myogenic culture«. Developmental Biology, Bd. 61 (1977), S. 153–165

2. Lyle H. Miller/Alma Dell Smith: The Stress Solution. New York, NY: Pocket Books 1995, S. 12

3. D. Marazziti/D. Canale: »Hormonal changes when falling in love«. Psychoneuroendocrinology, Bd. 29, Nr. 7 (August 2004), S. 931–936

4. T. J. Loving/E.E. Crockett/A.A. Paxson: »Passionate love and relationship thinkers: Experimental evidence for acute cortisol elevations in women«. Psychoneuroendocrinology, Bd. 34, Nr. 6 (Juli 2009), S. 939–946

5. Theresa L. Crenshaw, M.D.: The Alchemy of Love and Lust. How Our Sex Hormones Influence Our Relationships. New York, NY: Pocket Books 1996, S. 5 f. (Dt. Titel: Die Alchemie von Liebe und Lust. dtv 1999)

6. Ebenda, 148

7. Ebenda, 124

8. Liza O'Donnell u.a.: »Estrogen and Spermatogenesis«. Endocrine Reviews, Bd. 22, Nr. 3 (1. Juni 2001), S. 289–318

9. Carl Clayton Holloway/David F. Clayton: »Estrogen synthesis in the male brain triggers development of the avian song control pathway in vitro«. Nature Neuroscience, Bd. 4, Nr. 2 (Februar 2001), S. 170–175

10. David J. Linden: The Compass of Pleasure. How Our Brains Make Fatty Foods, Orgasm, Exercise, Marijuana, Generosity, Vodka, Learning, and Gambling Feel So Good. New York, NY: Viking 2011, S. 18. (Dt. Titel: High: Woher die guten Gefühle kommen. Beck 2012)

11. Andrés Vidal-Gadea u.a.: »Caenorhabditis elegans selects distinct crawling and swimming gaits via dopamine and serotonin«. PNAS, Bd. 108, Nr. 42 (18. Oktober 2011), S. 17504–17509

12. David J. Linden: The Compass of Pleasure. How Our Brains Make Fatty Foods, Orgasm, Exercise, Marijuana, Generosity, Vodka, Learning, and Gambling Feel So Good. New York, NY: Viking 2011, S. 3–5. (Dt. Titel: High: Woher die guten Gefühle kommen. Beck 2012)

13. Ebenda, 7–15

14. Andreas Bartels/Semir Zeki: »The neural basis of romantic love«. NeuroReport, Bd. 11, Nr. 17 (27. November 2000), S. 3829–3834

15. Bianca P. Acevedo u.a.: »Neural correlates of long-term, intense romantic love«. Social Cognitive and Affective Neuroscience, Bd. 7, Nr. 2 (2. Februar 2012), S. 145–159

16. Lowell L. Getz/C. Sue Carter: »Prairie-vole Partnerships«. American Scientist, Bd. 84, Nr. 1 (Januar–Februar 1996), S. 56–62

17. Larry J. Young/Anne Z. Murphy Young/Elizabeth A.D. Hammock: »Anatomy and Neurochemistry of the Pair Bond«. The Journal of Comparative Neurology, Bd. 493, Ausgabe 1 (5. Dezember 2005), S. 51–57

18. John M. Stribley/C. Sue Carter: »Developmental exposure to vasopressin increases aggression in adult prairie voles«. PNAS, Bd. 96, Nr. 22 (26. Oktober 1999), S. 12601–12604

19. Thomas R. Insel/Zuo-Xin Wang/Craig F. Ferris: »Patterns of Brain Vasopressin Receptor Distribution Associated with Social Organization in Microtine Rodents«. The Journal of Neuroscience, Bd. 14, Nr. 9 (1. September 1994), S. 5381–5392

20. L. J. Young/D. Toloczko/T. R. Insel: »Localization of vasopressin (V1a) receptor binding and mRNA in the Rhesus Monkey Brain«. Journal of Neuroendocrinology, Bd. 11 (1999), S. 291–297

21. Miranda M. Lim u.a.: »Enhanced partner preference in a promiscuous species by manipulating the expression of a single gene«. Nature, Bd. 429 (17. Juni 2004), S. 754–757

22. Yan Liu/J. Thomas Curtis/Zuoxin Wang: »Vasopressin in the Lateral septum Regulates Pair Bond Formation in Mail Prairie Voles (Microtus ochrogaster)«. Behavioral Neuroscience, Bd. 115, Nr. 4 (2001), S. 910–919

23. Thomas Insel/Terrence J. Hulihan: »A gender-specific mechanism for pair bonding: Oxytocin and partner preference formation in monogamous voles«. Behavioral Neuroscience, Bd. 109, Nr. 4 (August 1995), S. 782–789

24. Michael Kosfeld u.a.: »Oxytocin increases trust in humans«. Nature, Bd. 435 (2. Juni 2005), S. 673–676

25. Moïra Mikolajczak u.a.: »Oxytocin Makes People Trusting Not Gullible«. Psychological Science, Bd. 21, Nr. 8 (17. August 2010), S. 1072–1074

26. Peter Kirsch u.a.: »Oxytocin Modulates Neural Circuitry for Social Cognition and Fear in Humans«. The Journal of Neuroscience, Bd. 25, Nr. 49 (7. Dezember 2005), S. 11489–11493

27. D. Marazziti u.a.: »Alteration of the platelet serotonin transporter in romantic love«. Psychological Medicine, 1999, Bd. 29, S. 741–745

28. Helen Fisher: Why We Love. The Nature and Chemistry of Romantic Love. New York, NY: St. Martin's Press 2004, S. 155–157. (Dt. Titel: Warum wir lieben … und wie wir besser lieben können. Knaur 2007. Warum es funkt – und wenn ja, bei wem. Knaur 2011)

29. Carolyn H. Declerck/Christophe Boone/Toko Kiyonari: »Oxytocin and cooperation under uncertainty. The modulating role of incentives and social information«. Hormones and Behavior, Bd. 57, Ausgabe 3 (März 2010), S. 378–374

30. Carsten K. W. De Dreu u.a.: »The Neuropeptide Oxytocin Regulates Parochial Altruisim in Intergroup Conflict Among Humans«. Science, Bd. 328 (11. Juni 2010), S. 1408–1411

31. Robert M. Sapolsky: »Peace, Love and Oxytocin«. The Los Angeles Times, 4. Dezember 2011

4. Vier unterschiedlich denkende *Minds*

1. Marianne Szegedy-Maszak: »Mysteries of the Mind – Your Unconscious is Making Your Everyday Decisions«. U.S. News & World Report (8. Februar 2005)

2. Tor Nørretranders: The User Illusion. Cutting Consciousness Down to Size. New York, NY: Penguin Books 1998, S. 124 f.

3. David Chamberlain: The Mind of Your Newborn Baby. Berkeley, CA: North Atlantic Books 1998, S. xiii. (Dt. Titel: Woran Babys sich erinnern. Kösel 1994/2010)

4. Thomas R. Verny, M.D. / Pamela Weintraub: Tomorrow's baby: the art and science of parenting from conception through infancy. New York, NY: Simon & Schuster 2002, S. 29. (Dt. Titel: Das Leben vor der Geburt. Herder 1994)

5. Annie Murphy Paul: »Fetal Origins: How the First Nine Months Shape the Rest of Your Life«. TIME (22. September 2010)

6a. R. Laibow: »Medical Applications of NeuroBioFeedback«. Textbook of NeuroBioFeedback. Hrsg. von J. R. Evans und A. Abarbanel. Burlington, MA: Academic Press 1999, S. 83–102

6b. R. Laibow: Personal communication with B.H. Lipton. New Jersey 2002

7. »Like Mother, Like Son«. Science, Bd. 292 (13 April 2001), S. 205

8. Suze Orman: »The 9 Steps to Financial Freedom«. New York, NY: Crown Publishers, Inc., 1997, S. 12. (Dt. Titel: Trau dich, reich zu werden. Campus 2000)

9. Ebenda, 3

10. Val Kinjerski: Rethinking Your Work. Getting to the Heart of What Matters. Chesapeake, VA: Kaizen Publishing 2009, S. 117

11. Matthew A. Killingsworth/Daniel T. Gilbert: »A Wandering Mind Is an Unhappy Mind«. Science, Bd. 330, Nr. 6006 (12. November 2010), S. 932

12. Bill Hendrick: »Wandering Mind May Lead to Unhappiness. Researchers Say People Are most Happy Having Sex, Exercising, Socializing, Mainly because Such Activities Help Keep the Mind From Wandering«. WebMD, http://www.webmd.com/balance/news/20101109/wandering-mind-may-lead-to-unhappiness (11. November 2010)

13. Jim Lagopoulos u.a.: »Increased Theta and Alpha EEG Activity During Nondirective Meditation«. The Journal of Alternative and Complementary Medicine, Bd. 15, Nr. 110 (November 2009), S. 1187–1192

14. Jeffrey L. Fannin/Robert M. Williams: »Leading Edge Neuroscience Reveals Significant Correlations Between Beliefs, the Whole-Brain State, and Psychotherapy«. CQ: The CAPA Quarterly (August 2012), S. 14–32

15. Jeffrey L. Fannin/Robert M. Williams: »Neuroscience Reveals The Whole-Brain State and Its Applications for International Business and Sustainable Success«. International Journal of Management and Business, Bd. 7 (2012)

5. Edelgase: Zur Verbreitung von Frieden, Liebe & Tulsi-Tee

1. James Lovelock: The Vanishing Face of Gaia. A Final Warning. New York, NY: Basic Books 2010, S. 196

2. James Lovelock/Goi Peace Prize Award 2000: »Dialogue Session: Dr. James Lovelock Meets Young People«. http://www.goipeace.or.jp/english/activities/award/award2-1.html

3. Alex Renton: »India's hidden climate change catastrophe«. The Independent, 6. August 2012

4. Sue Gerhardt: Why Love Matters. How Affection Shapes a Baby's Brain. New York, NY: Brunner-Routledge 2004, S. 2. (Dt. Titel: Die Kraft der Elternliebe. Patmos 2006)

5. James W. Prescott: »Body pleasure and the origins of violence«. The Bulletin of the Atomic Scientists (November 1975), S. 10–20

Danksagung

Mein Weg, den Honeymoon-Effekt zu verstehen und leben zu lernen, ähnelte einer Achterbahnfahrt mit extremen Höhen und ernüchternden Tiefpunkten. Auf meiner Reise habe ich von vielen Lehrern gelernt, mit denen mich physische, emotionale oder spirituelle Erfahrungen verbinden. Viele von ihnen waren bereitwillig meine Lehrer – und manche ehrlich gesagt nicht. Doch jeder von ihnen trug zu der großen Synthese dieses lebensverändernden Wissens bei.

Zuerst möchte ich einige sehr wichtige Lehrer würdigen, deren Weisheit mich die grundlegenden Geheimnisse des Lebens erkennen ließ. Mit großer Wertschätzung danke ich den Stammzellen, die ich erforscht habe, und den 50 Billionen Zellen, die die Gemeinschaft bilden, die ich als »Bruce« kennengelernt habe. Die Zukunft der menschlichen Zivilisation ist wahrhaftig aus der Weisheit der Zellen zu ersehen.

Als ich mich auf den Weg machte, den Himmel auf Erden zu leben, fand ich mich von Engeln umgeben, jenen liebevollen himmlischen Wesen, die in allen Religionen beschrieben werden. Das Wort »Engel« stammt von dem griechischen Wort »Angelos«, was »Bote« oder »Botschafter« bedeutet. Jeder Engel in meinem Leben hat mich einen Aspekt jener universellen Liebe gelehrt, die viele Menschen »Gott« nennen.

Ein Engel des Lichts, der sehr wesentlich zur Präsentation dieses Werks beigetragen hat, ist Patricia A. King aus Marin bei San Francisco. Sie ist freie Journalistin und hat lange das Regionalbüro der »Newsweek« in San Francisco geleitet. Sie schreibt für Buchprojekte, Zeitungen und Magazine über das Thema Gesundheit, über den Zusammenhang zwischen Körper und Geist sowie zwischen Stress und Krankheit. Wie ich bereits bei unserer früheren Zusammenarbeit an dem Bestseller »Intelligente Zellen« erleben konnte, ist Patricia eine wundervolle Kollegin und hervorragende Lektorin.

Wie viele bezeugen können, bin ich ein Mann der vielen Millionen Worte, die mein Engel Patricia in diesem Buch auf vierzigtausend lesbare, informative und oft humorvolle Worte zusammenfasste.

Ein Engel mit einem künstlerischen Flair ist mein lieber »spirituеller Sohn« Bob Mueller, der das wunderbare Cover dieses Buches erschuf. Wie bereits bei »Intelligente Zellen« und »Spontane Evolution« kann ich Bob einfach eine Geschichte erzählen und er macht daraus ein faszinierendes Bild, in dem die Essenz des Buches enthalten ist. Danke, Bob, das waren drei Haupttreffer! Bob ist Mitgründer und Kreativdirektor von LightSpeed Design, Bellevue, WA. Zusammen mit seinen Leuten hat er preisgekrönte 3-D-Technologien und großartige Licht- und Klangshows für Unternehmen, Wissenschaftsmuseen und Planetarien in aller Welt produziert. Wer mehr über seine kreative Arbeit wissen möchte, kann dies auf www.lightspeeddesign.com erfahren.

Besonderer Dank geht an die ganze Bande von Engeln, die das Manuskript gelesen, kritisiert und kostbares Feedback gegeben haben. Jedem der folgenden lieben Freunde, die wesentlich dazu beigetragen haben, dass Sie dieses Buch jetzt in den Händen halten, gilt meine tiefe Wertschätzung. In ungeordneter Reihenfolge sind dies: Shelly Keller, Diana Sutter, Susan Mayginnes, Curt Rexroth, Terry und Christine Bugno, Theresa und Vaughan Wiles, Robert und Susan Mueller, Joan Borysenko und Gordon Dveirin, Patricia Gift, Ned Leavitt, Barry und Karen Rushton, Sherry Burton, Reinhard und Michaela Fuchs, Bhavani und Bharat Mitra Lev. Ein besonderer Dank geht an Sally Thomas, die mehr eine Freundin und liebevolle Kollegin ist als eine Leserin.

Meiner Familie bin ich ewig für ihre Liebe und Unterstützung dankbar. Sie haben zu mir gehalten, egal wie merkwürdig alles schien. Ich möchte die Liebe meiner Schwester Marsha und meines Bruders David würdigen und ihnen für all die gemeinsam erfahrenen Leiden und Freuden danken, die unsere Reise durch unser Leben ausmachten. Ich danke dafür, dass ich im Leben meiner Tochter Tanya, ihres lieben Jean-Brice, meiner Enkel Jean-Gabrielle und Lily-Anabelle und meiner Tochter Jennifer, ihres Lebenspartners Stef und meines Enkels Miles den auf Erden materialisierten Himmel sehen kann.

Und das Beste kommt zum Schluss … Die Botschaft dieses Buches und der ganze Himmel auf Erden wären für mich bedeutungslos ohne die Liebe, die ich mit meiner liebsten Freundin und Lehrerin Margaret Horton erlebe. Margaret ist mein Engel der Liebe und des Lichts, meine Inspiration und meine Führerin auf dieser fabelhaften Reise des Erwachens. Die Liebe zwischen uns ist ein Segen des Universums.

Kommentare zum vorliegenden Buch

• *Eine wirklich bemerkenswerte Leistung …: ein Leben voller Freude in einem knappen Manuskript auf den Punkt gebracht. Ich habe es zweimal gelesen und jede Minute geliebt, die ich damit verbrachte. Eines meiner absoluten Lieblingsbücher …*

Wayne Dyer

• *Bruce Lipton hat das beste Buch über die Liebe geschrieben – sowohl über die persönliche als auch über die planetarische –, das ich je gelesen habe. Und ich habe viele gelesen! Ich kenne Bruce und seine geliebte Margaret persönlich. Ihre Beziehung ist so fröhlich, nährend, kreativ und ansteckend. Sie leben im Himmel auf Erden – und Sie können das auch. Mit Hilfe der von ihm vermittelten Prinzipien der neuen Wissenschaften ermutigt Bruce uns alle, die Liebe zu verkörpern, die wir uns immer gewünscht haben.*

Joan Borysenko, Ph.D.
Biologin, Psychologin und Autorin von »Das Buch der Weiblichkeit« und »Gesundheit ist lernbar«

• *»Der Honeymoon-Effekt« bringt die Magie von Liebesbeziehungen bis auf die zelluläre Ebene – und lehrt uns, wie wir diese Magie selbst erschaffen können.*

Christiane Northrup, M.D.
Frauenärztin und Autorin der Bestseller »Frauenkörper – Frauenweisheit« und »Weisheit der Wechseljahre«

• *Falls Sie sich je gefragt haben, warum aufregende neue Beziehungen ihren Zauber und Glanz verlieren, ist dies das richtige Buch für Sie. Mit einem Verständnis für den wissenschaftlichen Hintergrund unserer zwischenmenschlichen Beziehungen und mit Strategien zu bestmöglichen Verbindungen zeigt »Der Honeymoon-Effekt«, wie wir den Beziehungen, die uns wichtig sind, wieder Glanz und Leben verleihen können.*

Cheryl Richardson
Autorin von »Trau dich, es ist dein Leben« und »It's your life! – Nehmen Sie sich Zeit für das Leben, das Sie wirklich wollen«

• *Welch ein Vergnügen, Bruce auf seiner unterhaltsamen Tour durch die Wissenschaft von Liebesbeziehungen zu folgen! Er macht deutlich, wie viele Paare von der Quantenphysik, der Biochemie und der Psychologie lernen können, um bewusste, liebevolle Beziehungen zu gestalten. Eine großartige Lektüre für alle, die eine Liebesbeziehung in ihr Leben bringen oder lebendig erhalten möchten.*

Gay Hendricks, Ph.D.
Autor von »Liebe macht stark« (mit Dr. Kathlyn Hendricks) und »Bewusster leben und lieben«

• *Der Honeymoon-Effekt ist eine Pflichtlektüre für jedes Paar, das nach einer Beziehung voller Vertrauen und Liebe strebt. Bruce' leicht lesbare Erklärung zum wissenschaftlichen Hintergrund des Zaubers der Liebe ist mitreißend, inspirierend und ungemein erhellend!*

Arielle Ford
Autorin von »Wabi Sabi Love«

Eine brillante und verständliche Erklärung, wie wir uns verlieben und was passiert, wenn der Honeymoon-Effekt verschwindet. Zum Glück erklärt Bruce Lipton genauso klar, wie wir unsere unterbewussten Programmierungen verändern und unsere grundlegenden Muster transformieren können, um den Honeymoon-Effekt in all unseren Beziehungen für den Rest unseres Lebens genießen zu können. Lipton bezieht sich bei seinen Aussagen unter anderem auf die Zellbiologie sowie Erkenntnisse über Edelgase und bewusste Elternschaft, und er tut dies mit herzerfrischender Leichtigkeit und tiefgründigen Schlussfolgerungen. Wie bei allen seinen Werken hält Liptons Buch, was es verspricht!

Nicki Scully
Autorin von »Alchemical Healing«
und »Planetary Healing«

Der Autor

Bruce H. Lipton, Ph.D.

ist international für seine Art bekannt, Wissenschaft und Geist miteinander zu verbinden. Als Zellbiologe lehrte er an der medizinischen Fakultät der Universität von Wisconsin und arbeitete als Forscher an der medizinischen Fakultät der Stanford Universität. Seine bahnbrechenden Erkenntnisse über die Zellmembran machten ihn zu einem Pionier der neuen Wissenschaft der Epigenetik. Heute reist er durch die ganze Welt und hält Vorträge und Seminare über die Neue Biologie.
www.brucelipton.com

Die deutsche Fangruppe von Bruce Lipton finden Sie unter:
www.brucelipton.momanda.de
Wir freuen uns auf Ihren Austausch und Ihre Beiträge!

Des Weiteren finden Sie auf dieser Seite:
Meditation »Schritte zum Honeymoon«
Mit dieser Meditation werden Sie beziehungsrelevante Punkte umprogrammieren, um sich für den Honeymoon zu öffnen.
Preis: 6,99 Euro

Entdecken Sie dort auch weitere Download-Produkte, einen kostenlosen Seminarmitschnitt sowie Seminar- und Veranstaltungs-Ankündigungen von Bruce Lipton!

Leseprobe: Intelligente Zellen

Bruce Lipton

Die Ursprünge des Lebens: Kluge Zellen werden klüger

Es sollte uns nicht überraschen, dass Zellen so klug sind. Schließlich waren die ersten Lebensformen auf unserem Planeten Einzeller. Durch Fossilien wissen wir, dass sie 600 Millionen Jahre nach dem Entstehen der Erde auftraten. Während der nachfolgenden 2,75 Milliarden Jahre bevölkerten nur frei bewegliche, einzellige Organismen – Bakterien, Algen und amöbenartige Protozäen – die Welt.

Vor etwa 750 Millionen Jahren fanden diese klugen Zellen heraus, wie sie noch klüger werden konnten. Die ersten Mehrzeller – Pflanzen und Tiere – entstanden. Mehrzeller waren zunächst lose Zellverbände oder »Zellkolonien« von zehn bis ein paar Hundert Einzellern. Doch der evolutionäre Vorteil des Lebens in Gemeinschaft führte schnell zu Verbänden von Millionen, Milliarden und Billionen von sozial interaktiven Zellen. Jede einzelne Zelle ist zwar mikroskopisch klein, doch die Größe der Mehrzeller-Verbände kann vom kaum Sichtbaren bis zum Gigantischen reichen. Die Biologen haben diese organisierten Gemeinschaften nach den Strukturen klassifiziert, die sich mit dem menschlichen Auge wahrnehmen lassen. Doch auch wenn sie dem bloßen Auge als Einzelwesen erscheinen mögen – eine Maus, ein Hund, ein Mensch –, sind sie alle tatsächlich hoch organisierte Verbände von Milliarden und Billionen von Zellen.

Der evolutionäre Druck, immer größere Gemeinschaften zu bilden, spiegelt den biologischen Imperativ des Überlebens wider: Je besser ein Organismus seine Umgebung wahrnimmt, desto größer sind seine Überlebenschancen. Wenn sich Zellen zusammenschließen, erhöht sich ihre Wahrnehmung exponentiell. Wenn wir also jeder Zelle einen willkürlich gewählten Wahrnehmungsfaktor X zuordnen, dann hat jeder Zellverband eine potenzielle Wahrnehmung von mindestens x-mal der Anzahl ihrer Zellen. Um in solchen großen Zusammenballungen zu überleben, entwickelten die Zellverbände strukturierte Umgebungen – Gemeinschaften, in denen sie die anfallenden Aufgaben effektiver und exakter verteilen konnten, als es das Organigramm eines Großbetriebs je vermag. Es bewährte sich, einzelnen Zellen bestimmte Aufgaben zuzuordnen. In der Entwicklung von Tieren und Pflanzen beginnt diese zytologische Spezialisierung bereits beim Embryo und ermöglicht damit den Zellen, bestimmte Gewebe und Organe zu bilden. Im Laufe der Zeit wurde diese hoch differenzierte Arbeitsteilung in die Gene jeder Zelle einprogrammiert, was die Effizienz und Überlebensfähigkeit des Organismus erheblich verbesserte.

In größeren Organismen befasst sich zum Beispiel nur noch ein kleiner Anteil der Zellen damit, die Umgebung wahrzunehmen und auf sie zu reagieren. Diese Aufgabe hat eine Gruppe von Zellen übernommen, welche die Gewebe und Organe des Nervensystems bilden. Das Nervensystem dient dazu, die Umgebung wahrzunehmen und das Verhalten der anderen Zellen in der riesigen Gemeinschaft zu koordinieren.

Die Arbeitsteilung verlieh der Zellgemeinschaft noch einen weiteren Vorteil. Ihre Effizienz ermöglichte es, dass mehr Zellen von weniger leben konnten. Man kann das mit dem Unterschied zwischen den Baukosten für ein kleines Haus mit einem Schlafzimmer und den anteiligen Kosten für eine Wohnung mit einem Schlafzimmer in einem zehnstöckigen Mietshaus vergleichen. Um zu überleben, muss jede Zelle einen gewissen Anteil von Energie einsetzen. Die durch die Gemeinschaft eingesparte Energie verbessert die Überlebenschancen und die Lebensqualität.

Im amerikanischen Kapitalismus erkannte Henry Ford den Vorteil einer differenzierten Gemeinschaftsarbeit und wandte ihn auf seine Fahrzeugproduktion an. Vor Fords Idee brauchte eine kleine Gruppe von sehr vielseitigen Mechanikern ein bis zwei Wochen, um ein Auto zusammenzubauen. Ford organisierte seinen Betrieb so, dass jeder Arbeiter nur noch eine ganz bestimmte Aufgabe hatte. Er stellte viele dieser spezialisierten Kräfte in einer Reihe hintereinander auf und schuf damit die Fließbandarbeit. Jeder Monteur gab das zukünftige Auto nach Erledigung seiner Handgriffe und Aufgaben an den nächsten weiter. Durch diese Spezialisierung konnte

Ford ein Auto in 90 Minuten zusammenbauen lassen statt in ein bis zwei Wochen.

Leider haben wir bequemerweise die für die Evolution notwendige Kooperation vergessen, als Charles Darwin seine radikale Theorie über die Entstehung des Lebens vorbrachte. Vor 150 Jahren erklärte er, lebende Organismen befänden sich in einem ständigen »Kampf ums Überleben«. Für Darwin waren Kampf und Gewalt nicht einfach nur Teil der tierischen (menschlichen) Natur, sondern die dem evolutionären Fortschritt zugrunde liegenden Kräfte. Im Schlusskapitel seines Hauptwerkes *Der Ursprung der Arten* schrieb Darwin von einem unausweichlichen »Kampf ums Überleben« und dass die Evolution durch den »Kampf der Natur gegen Hunger und Tod« vorangetrieben werde. Zusammen mit seiner Annahme, die Evolution werde durch den Zufall bestimmt, ergibt das eine Welt, der Alfred Lord Tennyson in poetischer Manier »blutige Zähne und Klauen« zuschrieb – das Leben als eine endlose Abfolge sinnloser, grausamer Schlachten ums Überleben.

Evolution ohne »blutige Klauen«

Obwohl Darwin der bei Weitem berühmteste Evolutionstheoretiker ist, gebührt dem französischen Biologen Jean-Baptiste de Lamarck die Ehre, als Erster die Evolution als wissenschaftliche Tatsache eingeführt zu haben [Lamarck 1809, 1914, 1963]. Selbst Ernst Mayr, der führende Vertreter des »Neo-Darwinismus«, einer modernen Version von Darwins Theorie, die auch die Molekulargenetik des 20. Jahrhunderts mit einbezieht, hält Lamarck für den eigentlichen Pionier. In seinem Klassiker Evolution and the Diversity of Life [Mayr 1976] schrieb er: »Es scheint so, als habe Lamarck sehr viel mehr Anrecht darauf, als Begründer der Evolutionstheorie bezeichnet zu werden, wie es auch einige französische Historiker bereits getan haben [...]. Er war der erste Autor, welcher der Präsentation einer Theorie der organischen Evolution ein ganzes Buch gewidmet hat. Er war der Erste, der das ganze Tierreich als ein Ergebnis der Evolution darstellte.«

Bruce H. Lipton
Intelligente Zellen
Wie Erfahrungen unsere Gene steuern
gebunden, 320 Seiten
ISBN 978-3-86728-307-6

Erstaunliche wissenschaftliche Erkenntnisse über die biochemischen Funktionen unseres Körpers zeigen, dass unser Denken und Fühlen bis in jede einzelne unserer Zellen hineinwirkt. Der Zellbiologe Bruce Lipton beschreibt genau, wie dies auf molekularer Ebene vor sich geht. In leicht verständlicher Sprache und anhand eingängiger Beispiele führt er vor, wie die neue Wissenschaft der Epigenetik die Idee auf den Kopf stellt, dass unser physisches Dasein durch unsere DNS bestimmt würde. Vielmehr wird sowohl unser persönliches Leben als auch unser kollektives Dasein durch die Verbindung zwischen Innen und Außen, zwischen Geist und Materie gesteuert.
Bruce Liptons Buch gehört seit 10 Jahren zu den wichtigsten Werken zum Thema »Epigenetik, Geist und Materie«. Es sichert dem Autor seit Jahren einen Platz auf der Watkins Liste der weltweit spirituell einflussreichsten Menschen. Jetzt als aktualisierte Neuauflage mit den neuesten wissenschaftlichen Ergebnissen!

Bruce H. Lipton, Steve Bhaerman
Spontane Evolution
Unsere positive Zukunft und wie wir sie erreichen

TB, 504 Seiten
ISBN 978-3-86728-243-7

Von Menschen, die auf wundersame Weise von einer Krankheit genesen sind, haben wir alle schon gehört. Aber ist diese Heilung auch für die ganze Welt denkbar? Nach Erkenntnissen des international bekannten Zellbiologen Dr. Bruce H. Lipton ist sie nicht nur möglich – sie geschieht bereits. Gemeinsam mit dem politischen Philosophen Steve Bhaerman präsentiert er eine erstaunliche, neue Sicht auf die Evolution, die Rolle der DNA, die Beziehung zwischen Geist und Materie und die Wirkungskraft unserer Überzeugungen. Dabei wird zweifelsfrei deutlich, wie wir durch eine Veränderung unserer Überzeugungen die spontane Evolution unserer Art beeinflussen und damit eine erfreulichere Zukunft gestalten können.
Bruce H. Lipton, eine führende Kapazität der neuen Biologie, ist weltweit bekannt für seine geniale Art, Wissenschaft und Bewusstseinsentwicklung zu verbinden.
Steve Bhaerman ist seit mehr als 20 Jahren als Kommentator und Autor ganzheitlicher Veröffentlichungen sowie als kosmischer Komiker und Humorist tätig.

Bruce H. Lipton
Wie wir werden, was wir sind
Eltern sind wichtiger als Gene – wie unser Bewusstsein das Wesen unserer Kinder bestimmt

ISBN 978-3-86728-104-1

Die »Programmierungen« durch unsere Eltern haben fundamentale Bedeutung für unsere Gesundheit, unser Verhalten, unsere Einstellungen und unsere Beziehungen! In einem bildreichen, leicht verständlichen Vortrag erläutert der Zellbiologe und Pionier der prä- und perinatalen Entwicklung Dr. Bruce Lipton aus Sicht der neuen Wissenschaft den Mechanismus, durch den sich die Überzeugungen und Emotionen der Eltern auf die Entwicklung des genetischen Codes der Kinder auswirken.
Unsere prä- und perinatalen Erfahrungen bilden eine Art biologischer Vorgabe, die alle späteren Gefühle und Einstellungen im Hinblick auf uns selbst, unsere zwischenmenschlichen Beziehungen und unsere Verbindung zu Himmel und Erde bestimmen. Das Wissen um die Mechanismen kann uns davor bewahren, weiteren Schaden anzurichten; es hilft uns, jene Bereiche unseres Denkens und unseres Fühlens zu heilen, in denen wir selbst durch unsere Programmierungen eingeschränkt sind.

Rob Williams
Psych-K
Die Macht der Überzeugungen und die Verbindung von Körper, Geist und Seele

ISBN 978-3-86728-083-9

Was wir denken, beeinflusst das, was wir erleben. Und wir versuchen, durch unser Denken Glück, Wohlstand, Erfolg, Liebe und inneren Frieden in unserem Leben zu erschaffen. Doch scheinbar ist das leichter gesagt als getan. Warum?
Die Antwort finden wir auf der Ebene unserer unterbewussten Überzeugungen, dem kraftvollen Speicher unserer tiefsten Glaubens- und Verhaltensmuster. In diesem Buch erfahren Sie,

- warum Einsicht alleine nicht ausreicht, um sich anders zu verhalten, und warum mehr Anstrengung nicht zu mehr Erfolg führt;
- wie Sie mit Leichtigkeit herausfinden können, was Sie wirklich glauben;
- dass es ganz einfach sein kann, diese häufig selbst sabotierenden Überzeugungen zu verändern – um so zu Glück und innerem Frieden zu gelangen.

»PSYCH-K ist ein Prozess des persönlichen Erwachens und der spirituellen Entdeckung, ein nutzerfreundlicher Weg, um Ihrem göttlich inspirierten inneren Zauberer zu begegnen.« (Robert M. Williams)